贝页
ENRICH YOUR LIFE

名人推荐

张　晖　汇添富基金管理股份有限公司总经理

《基金投资的真相》一书的作者和译者以丰富的实践经验，全面而系统地阐述了如何运用行为金融学理论克服或利用行为偏差获取超额收益，实战性和操作性很强。对于所有从事投资及相关行业的从业人士，该书必读。

张晓泉　香港中文大学商学院副院长、讲席教授，超量子基金创始合伙人，《数字跃迁》作者

《基金投资的真相》一书深入地探讨了投资者的情绪是怎样影响金融市场的，揭示了做主动投资的基金经理是如何利用行为金融学的研究成果给投资者带来收益的。在这个大多数基金经理都宣称自己是根据基本面判断市场从而做价值投资（但其实不是）的时代，这是非常难能可贵的。

徐幼于
Eugene Xu　LibreMax Capital 联合创始人、原德意志银行（纽约）董事总经理、电影《大空头》天才分析师 Ted Jiang 之原型

在经历了近 20 年来被动投资基金的滥觞之后，主动投资的回归将受到愈来愈多的关注。如何在一般的基本面和技术面的分析之上，运用行为金融学，将主动投资做好，对很多投资人而言应该是很有意思的课题。译者作为长期从事投资理论研究和实际操作的专家，将本书推介给国内读者，功莫大焉。

徐　鸣　易车 CFO、前瑞银（UBS）汽车行业、互联网行业分析师

2021 年就有美国股市青年散户抱团，使得股价大幅波动；中国 A 股的基金经理偶像般地被追捧，这反过来却制约了投资决策和业绩表现。环球同此凉热。行为金融学为这些“非理性”行为提供了很好的解释。然而，迄今为止，国内缺少容易上手的系统性“指南”类著作。陈实先生和李玲芳教授的译作很好地填补了这一空白，对专业和普通投资人都会大有裨益。

黄燕铭　国泰君安证券股份有限公司研究所所长

行为金融学的研究框架和方法，不仅能帮助大家更好地理解中国资本市场中许多特有的现象，而且还能帮助市场参与者做更理性的投资研究。《基金投资的真相》为我们系统地介绍了如何在投资管理实践中运用行为金融学，具有很好的实用价值和启发意义。

顾少丰　信也科技（NYSE：FINV）创始人、董事长

行为金融学帮助我们了解和分析投资领域中的非理性因素，并通过机制来克服及减少行为偏误，以做出更好的投资决策。陈实先生和李玲芳教授作为这个领域的践行者与专家，翻译此书最合适不过。向大家推荐此书，我们一起找到“基金投资的真相”。

董广阳　华创证券研究所所长

如果在投资实践中没有对心理学的认知，没有对行为金融学的理解，是很难做好投资的。《基金投资的真相》的作者和译者既具备深厚的学术功底，又具有丰富的资本市场实战经验，使本书既具备理论高度，又切中实践的要害，值得阅读。

包　特　新加坡南洋理工大学经济学副教授、《财新》专栏作家

《基金投资的真相》的作者和译者兼具学术界和业界背景，通晓两边专业术语、思维方式、工作难点和需求痛点。本书给出了主动管理型基金经理如何从实际操作中总结规律、制定策略并谋求战胜市场的建议。我相信本书会成为投资者在这样一条“光荣的荆棘路”上不可缺少的良友和智囊。

Return of
the Active Manager

王　健　香港中文大学（深圳）经管学院教授、助理院长，《还原真实的美联储》《理性的非理性金融》作者

行为金融学是对现有金融和经济理论的重要突破，帮助我们解释了大量的、长期以来难以理解的金融市场现象。遗憾的是，这个领域的理论研究和实际操作往往存在一定程度的脱节。《基金投资的真相》的作者和译者都是优秀的学者和出色的市场参与者，我相信他们会从两个不同的角度为读者开启一扇大门，帮助大家更好地理解行为金融学在投资中的应用。

Terry Tse　Alpha JWC Ventures 合伙人、法国巴黎银行（中国）董事会董事

从 2008 年的 CDS 交易台，到 VC 的风口与独角兽，《基金投资的真相》才是符合实战经验的金融理论。所有在金融市场谋生的人，都应该认真拜读此书。

陆　蓉　上海财经大学金融学院教授、《陆蓉行为金融学讲义》作者

原本深奥难懂的基金投资行为的概念和理论，在《基金投资的真相》一书中通过行为金融学家的解读变得简单易懂，你会发现它在投资领域竟有如此广泛的应用。

兰小欢　复旦大学经济学院副教授、《一转念：用经济学思考》《置身事内：中国政府与经济发展》作者

驱动股市日常波动的基本力量是投资者的情绪，这些情绪有迹可循。管理情绪虽然很难，但了解这些情绪的基本模式，是优秀的基金经理的必修课。

李权胜　招商证券资产管理有限公司副总经理

股票投资既有科学性，又有艺术性。《基金投资的真相》将行为金融学理论与实际的投资案例做了很好的结合。两位译者的教育及工作背景既赋予他们理论研究的高度，又使其积累了全球投资实践的经验，相信这部译作会给国内机构的投资专业人士以实质性的启示和帮助。

基金投资的真相

如何运用行为金融学洞察非理性决策

[美] C. 托马斯·霍华德（C. Thomas Howard）
[美] 杰森·A. 沃斯（Jason A. Voss） 著

陈实 李玲芳 译

SPM
南方出版传媒
广东经济出版社
·广州·

图书在版编目（CIP）数据

基金投资的真相：如何运用行为金融学洞察非理性决策 /（美）C.托马斯·霍华德，（美）杰森·A.沃斯著；陈实，李玲芳译. — 广州：广东经济出版社，2021.11

ISBN 978-7-5454-8017-7

Ⅰ.①基… Ⅱ.①C… ②杰… ③陈… ④李… Ⅲ.①基金－投资－基本知识 Ⅳ.①F830.59

中国版本图书馆CIP数据核字(2021)第229927号

版权登记号：19-2021-261号

策 划 人：王春蕊
责任编辑：陈 潇 区凌志 刘 燕
责任技编：陆俊帆
封面设计：瑞芮™ LIKA

基金投资的真相：如何运用行为金融学洞察非理性决策
JIJIN TOUZI DE ZHENXIANG：RUHE YUNYONG XINGWEI JINRONGXUE DONGCHA FEILIXING JUECE

出版人	李 鹏
出 版 发 行	广东经济出版社（广州市环市东路水荫路11号11～12楼）
经 销	全国新华书店
印 刷	上海颛辉印刷厂有限公司 （上海市宝山区长发路185号）
开 本	889毫米×1240毫米 1/32
印 张	7.25
字 数	159千字
版 次	2021年11月第1版
印 次	2021年11月第1次印刷
书 号	ISBN 978-7-5454-8017-7
定 价	68.00元

图书营销中心地址：广州市环市东路水荫路11号11楼
电话：（020）87393830 邮政编码：510075
如发现印装质量问题，影响阅读，请与本社联系

广东经济出版社常年法律顾问：胡志海律师

关于作者

C. 托马斯·霍华德（C. Thomas Howard）

C. 托马斯·霍华德博士是雅典娜投资管理有限公司[①]的首席执行官（CEO）与首席投资官（CIO），同时还是丹佛大学丹尼尔斯商学院金融学院的荣誉退休教授。他在丹佛大学教授投资管理和国际金融领域的课程三十多年，并发表了多篇学术论文。最初，汤姆[②]是一个现代资产组合理论（Modern Portfolio Thoery, MPT）的信徒，并不相信主动型股票投资管理能够带来超额收益。如今，他的学术研究以及作为一名专业的主动投资管理型基金经理所取得的成功，使他变成了行为金融学与主动投资管理的信徒。正如他的学术同仁所形容，他已经转向了“黑暗”的一面！汤姆经常在各种组织机构演讲或为出版物撰写文章，如CFA（特许金融分析师）协会、投资与财富协会、《金融时报》、投资网站的“投顾观点”和“思想建议者”等。[③]汤姆在爱达荷大学获得了机械工程学士学

① 雅典娜投资管理有限公司的英文全称为AthenaInvest, Inc。——译者注

② 汤姆（Tom）是作者英文名Thomas的昵称。——译者注

③ CFA协会、投资与财富协会、《金融时报》、“投顾观点”、“思想建议者”的英文全称分别为：CFA Institute, Investment & Wealth Institute、*Financial Times*、Advisor Perspectives、ThinkAdvisor。——译者注

位，在俄勒冈州立大学获得了管理科学硕士学位，在华盛顿大学获得了金融博士学位。

霍华德教授在行为金融学领域内的思想领导力在全美范围内引起了极大的关注。他所撰写的《行为投资组合管理白皮书》刷新了同类书历史下载量纪录，并在2013年投资管理顾问协会（现更名为“投资与财富协会”）[①]的年度会议、2014和2017年CFA协会的年度会议上重点介绍过该白皮书，他的文章在AdvisorPerspectives.com、CFAInstitute.org和FAmag.com等网站上被广泛阅读。

杰森·A. 沃斯（Jason A. Voss）

杰森·A.沃斯是一名CFA持证者，同时也是主动投资管理（AIM）咨询公司[②]的首席执行官。该公司致力于帮助中小型主动管理基金公司为其终端客户提供阿尔法收益。他还曾经是戴维斯增值与收益基金的基金经理之一[③]。在他任期内，该基金的涨幅比同期的

① 投资管理顾问协会的英文原文为Investment Management Consultants Association®（现更名为Investments and Wealth Institute）。——译者注

② 主动投资管理咨询公司的英文全称为Active Investment Management Consulting。——译者注

③ 戴维斯增值与收益基金的英文全称分别为Davis Appreciation、Income Fund。——译者注

标准普尔500指数的涨幅高出49.1%，并获得理柏[①]1号奖、晨星[②]分析师精选奖，同时是首批被授予“晨星管理A级基金”的10只基金之一。杰森还担任了CFA协会的内容总监。他经常接受《华尔街日报》、《巴伦周刊》、“市场早报”节目、BBC“今日”栏目[③]等媒体的采访。杰森在美国科罗拉多大学博尔德分校获得了经济学学士学位和工商管理硕士学位。

---

① 理柏的英文全称为Lipper，理柏是国际知名的基金研究机构，为投资管理公司、中介机构、财经媒体和个人投资者提供专业的基金资讯、评析工具和研究服务。——编者注

② 晨星的英文全称为Morningstar，晨星是目前美国最主要的投资研究机构之一和国际基金评级的权威机构。晨星旨在为投资者提供专业的财经资讯、基金及股票的分析和评级，以及方便、实用、功能卓著的分析应用软件工具。——译者注

③ 《华尔街日报》、《巴伦周刊》、“市场早报”栏目、BBC“今日”栏目的英文全称分别为*Wall Street Journal*、*Barron's*、Marketplace Morning Report、the BBC's Today Programme。——译者注

序　言

汤姆与杰森想让你知道，当你选择了本书时他俩有多么兴奋。这是一本介绍投资人的书。具体而言，本书的主题是介绍一些投资人非凡的、不可思议的能力，那些能让我们自己改变、进化和变得更好的能力。要想打破现状，就不要理会反对者，我们要比以前更加强大、做得更好。

你可能会问，本书探讨这些主题的落脚点在哪里？答案是主动投资管理领域。汤姆与杰森希望你能被主动投资管理这个领域所吸引并在这方面努力提高。主动投资管理是为了追求更好的未来而牺牲目前短期的收益。它的核心在于当我们能够控制内心的冲动、按照常识行事时，我们才能期待更伟大、更光明的未来。

汤姆与杰森都是主动投资管理型基金经理。我们接下来要说的，可能是在某个时间点进行主动投资管理并不受欢迎，甚至可能被认为是过时的。但要成为一名出色的主动投资管理型基金经理，就必须相信人的能力是强大的，我们的思想可能平凡无奇，也可能非同寻常，它既能畅游未来，也能创造出许多非凡的事物。总之，我们思想的预见性、适应性，以及理解决策的能力都是超乎想象的，而唯一的障碍是我们思想的深度、思维方式以及行为方式。只有当我们克服了人类自我的自负、偏见以及糟糕的判断力后才能从中获益。

耐心等等，不要着急！我们可以做到，一定会做到，而且必须做到。

本书内容

本书为以终端客户为中心的专业投资人士而创作，帮助其克服行为偏误，并告诉他们如何利用行为偏误进行投资。

在本书中，你能学到以下关键工具：

- ▲ 如何利用大数据来展示那些显著存在的并且能带来超额收益的行为异象（anamalies）①。
- ▲ 如何在财务报表中运用行为金融学的视角寻找蛛丝马迹。
- ▲ 如何充分利用与你想投资企业的高管面对面交流的机会。
- ▲ 如何建立正确的判别标准，以识别出那些最有可能持续取得成功的主动投资管理型基金经理。
- ▲ 如何用最有效的方式与企业高管进行面对面的访谈，尤其是那些你有可能购买其股票的企业的高管。

本书目标读者

本书是为主动投资管理型基金经理以及与他们一起工作的人所

① 异象，一般是指金融市场中资产的实际收益偏离资本资产定价模型（CAPM）和有效市场假说（EMH）的现象。——编者注

写的。具体而言，本书的目标读者是证券分析师、基金经理、私人财富顾问、挑选基金经理的咨询师等。

本书结构

本书从一个开场白开始。这个开场白展示了一个完整的投资生态系统。这个系统正在逐步发展，且未被过多评估，它是为被动投资产品及帮助这些产品获得成功而设计的。这个生态系统的架构依赖于一个常常被检验且持续被证明失效，却从未被废除的理念——现代资产组合理论。本书建议读者考虑另一种理念，即行为金融学。这是因为，行为金融学是对现实世界一种更好的描述，且经得起检验。

如果你承认行为金融学是一门更好的学科，那么你必须去探索其背后的答案，而不仅仅限于表象。尽管事实上我们常常做出有偏误的决策，但只知道这一点是不够的。更关键的是，基于这个事实，我们应该怎么做？就如同，我们应该怎样从诊断转向给出治疗方案？我们应该如何超越对行为偏误的识别，到达克服偏误这个层面？接下来，本书会描述资产管理行业的不同组成部分，并说明是如何利用行为金融为我们的终端客户服务的。

首先在第一章，提供了一个全新的基础视角——通过行为来观察资本市场。接下来第二章，描述了投资中最关键的一对关系：理财顾问和终端客户。我们把这一章放在所有解决方案中的第一位，这是因为对行为的深入理解可以有效改善投资流程。

接下来是第三章。这一章深入地介绍了投资专业人士如何通过改进流程来改善自身行为，从而避免出现偏误。在第四章中，我们介绍了基本面分析，通常被认为是投资活动中定量的环节。然而，在这个环节中，我们仍然可以通过观察财务报表来研究蕴含在其背后的行为。对专业投资人士来说，这是能够带来赚钱机会的重要洞察力。

我们的投资生态系统有一个关键的守门人：寻找王牌基金经理的人。业内人士经常关注的一个问题是，尽管我坚信主动投资管理能够带来超额收益，但我如何识别谁是优秀的主动投资管理人呢？第五章会给出这个问题的答案。再接下来，第六章是对纯数据分析方法的更深入研究，它不仅可以帮助我们避免许多行为偏误，而且可能让我们获取优异的回报。

最后，作为全书的总结，在第七章我们讨论了主动投资管理公司如何通过改变其组织结构来适应不断演变的投资生态系统，从而避免由行为带来的缺陷，以及如何更好地提升作为主动投资管理的核心——分析师们和投资决策者们的能力。

目　录

概　述

主动管理型基金正遭受着越来越大的威胁。如图1所示，在过去10年里，由于大量资金抽离，相比于被动管理型基金，主动管理型基金的市场份额下降了25%。主动管理型美国股票基金在2018年遭遇了1740亿美元的资金抽离，占其整体初始资产管理规模的4.1%。与此同时，被动管理型美国股票基金的资金流入规模是2070亿美元，高于同期主动管理型美国股票基金的资金流出。截至2018年底，主动管理型美国股票基金的市场份额是51.3%，而被动管理型美国股票基金的市场份额则为48.7%。而在2018年初，两

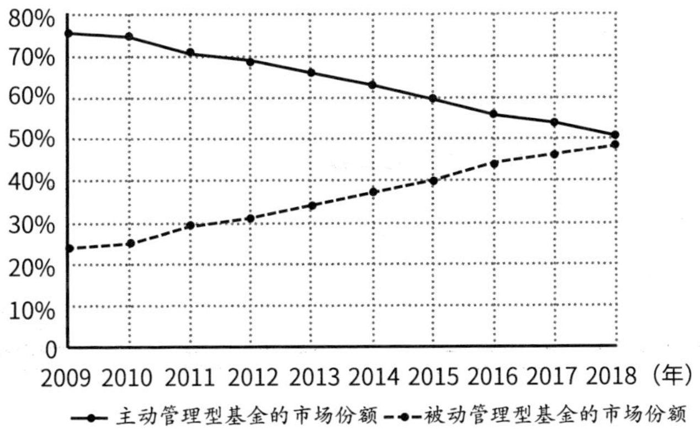

图1 主动管理型基金与被动管理型基金的市场份额（2009—2018年）

组基金的市场份额分别是53.9%和46.1%。按这样的趋势，被动管理型美国股票基金的市场份额将最终超越主动管理型美国股票基金。[1]

出现这种现象的原因在于，投资者们逐渐认识到了效仿指数（Closet-indexing）①的伪主动投资管理模式并不能带来真正的价值，因此逐渐从主动投资转向被动投资。我们从来都不怀疑这种趋势的发生，主要是由于大约有70%的主动管理型基金其实都在采用效仿指数的伪主动投资管理模式。这种做法最终折损了投资者所得的投资回报。唯一的问题是这种趋势什么时候会发生？答案是，这种趋势正在我们眼前发生。由于意识到过去被虚假承诺所误导，投资者们正迅速逃离效仿指数的伪主动投资管理模式。

这种趋势变化的主要受益者是那些指数投资的巨头，包括先锋基金（Vanguard）、贝莱德资产（BlackRock）和嘉信理财（Schwab）。这些巨头非常乐意见到这种趋势，帮助他们扩大资产管理规模，因为这种趋势的本质是对指数投资服务的重新定价，从高成本的效仿指数的伪主动投资管理模式转变成低成本的纯粹指数投资模式。竞争趋于白热化的指数投资市场正逐渐趋向一个新的、低成本运营的

[1] 本类注释为参考文献，统一附录在本书最后部分。

① 效仿指数指的是基金经理在构建投资组合时，大部分效仿一只指数的构成，但是按照主动管理型基金来收费。——译者注

市场均衡状态，而客户们则乐见其成。

面对行业趋势，对于主动投资管理型基金经理们而言，迫切需要回答的问题是，接下来应该做什么？一条路径是继续给投资者们带来贝塔收益[①]并收取主动管理的费用，同时希望自己所管理基金的规模不会由于趋势的变化而缩水。如果你选择走这条路，我们只能祝你好运。因为完全无差别的被动化投资的趋势会直接导致规模化的竞争，从而使该类基金的管理费最终趋近于零。

另外一条路径是变成真正的主动管理型基金，长期为客户带来阿尔法收益[②]，从而能够收取与之相匹配的更高的管理费。真正的主动管理型基金的管理模式一定需要运用选股技巧，我们相信这一能力不仅已在业界被广泛运用，而且也得到了许多学术研究的验证。然而，想要做到真正的主动管理，你不得不挑战许多行业现有的标准。当下资产管理行业的架构其实是在鼓励主动管理型基金采用效仿指数的伪主动投资管理模式，我们将其称为“效仿指数的伪主动投资管理工厂”（Closet Indexing Factory）。因此，如果你选择少有人走的、真正能产生阿尔法收益的路，你将不断地受到不利于主动投资管理模式的资产管理生态体系的挑战。

① 贝塔收益可以看作一种相对被动的投资收益，也就是承担市场风险所带来的收益。——译者注

② 阿尔法收益衡量的是投资组合或者基金经理，超过某个业绩比较基准（大盘）的投资回报。——译者注

与主动投资转为被动投资的趋势同时出现的变化是，行为金融学逐渐取代了原先被大家所接受的现代资产组合管理理论，正在变为业界普遍接受的理论。粗略地看，从主动到被动、从现代投资组合理论到行为金融学，这两种横扫整个资产管理行业的变化之间并没有什么联系。但是仔细研究后，我们发现这两种变化实际上是互相关联的。完全采用行为金融学来指导投资管理，将摆脱效仿指数的伪主动投资管理模式，同时也能帮助资产管理者们创造一个有利于产生阿尔法收益的主动投资管理生态体系。

主动投资与被动投资的分裂

这里有个非常重要的问题是，从主动投资到被动投资的转变会持续多久？被动投资会成为最终的投资方式吗？对此，我们给出的答案是否定的，理由很简单：随着被动投资方式所管理资产规模的增长，股票市场会变得越来越无效。与之相反，这就意味着，随着被动管理型基金资产管理规模的扩张，持续收集信息的主动管理型基金的业绩将会有所提升。桑福德·格罗斯曼（Sanford Grossman）和约瑟夫·斯蒂格利茨（Joseph Stiglitz）早在40年前就提出资本市场需要保持一定程度的信息无效性，以确保主动管理型投资者有一定的动力去从事费时、费力、费钱的信息搜集和信息处理工作，从而做出可以获利的投资决策[2]。换言之，现在大行其道的被动投资革命为未来主动投资管理型基金经理的王者回归埋下了胜利的种子。

拉斯 · 沃默斯（Russ Wermers）①调查了大量的实证研究结果后得出以下结论：被动型投资者持有的股票越多，市场信息就会变得越贫乏，这也给主动型投资经理带来了更大的获利机会[3]。在另外一篇学术论文中，拉斯 · 沃默斯和姚彤（Tong Yao）发现被动型投资基金的交易并不能提升市场的有效性，因为他们的交易主要是由投资者资金流动所导致的。相比之下，以搜集和分析信息为主的主动投资管理型基金经理主要交易那些没有被有效定价的股票。他们还发现，很多情况下主动管理型基金和被动管理型基金所交易的股票是相同的，但他们交易的方向却经常是相反的。[4]

随着大量资金流入被动管理型基金，股票被错误定价的程度将变得越来越严重。在本书英文版出版时，被动管理型基金和主动管理型基金规模的比例大约是50% : 50%，我们预测最终被动管理型基金和真正主动管理型基金规模的比例大约是70% : 30%。这主要是因为资金持续流入被动管理型基金的力量，最终会被主动管理型基金选股能力所带来的持续上升的吸引力抵消掉。

我们最大的愿望就是股票投资行业里的产品最终由低成本的指数基金和真正的主动投资管理型基金所组成，而效仿指数的伪主动投资管理型基金将完全消失。

本书主要是为符合以下特征的权益类投资团队所创作：

① 拉斯 · 沃默斯，美国马里兰大学罗伯特 · 史密斯商学院金融学教授。——编者注

（1）正在尝试或者希望成为真正的主动投资管理者。

（2）正在尝试或者希望为投资者带来阿尔法收益的主动投资管理者。

（3）极力避免成为效仿指数的伪主动投资管理者的人。

如何做到以上三点，我们也提供了相关的建议。具体而言，就是通过改变和重构投资管理的各方面，包括从客户的财务规划、投资组合的构建、资产的配置、投资管理人的筛选，到股票的选择，以及投资组合的管理，再到一家资产管理公司的运营。

我们的目标是帮助你建立一个可行的主动管理型股票投资管理体系，并让其可以与那些正在逐渐统治行业的低成本指数基金进行有效竞争。

开场白　我们是怎么到这里的

"最疯狂的事情就是认为人们永远会按照逻辑行事。"①

——理查德·塞勒博士

2017 年诺贝尔经济学奖获得者

富勒-塞勒资产管理公司合伙人

正视市场的本来面貌，而不是将它看作别人希望的样子

投资者并不理性，市场的信息也并不总是有效可靠的。

我们都明白这个道理，所以也不需要尝试去绞尽脑汁地解释投资者毫无逻辑的决定或者股票价格疯狂波动背后的原因。人们已形成一个普遍共识：这都是由投资者主观情绪驱动的，而这些主观情绪往往会导致个人甚至是整个市场的认知错误。

我们俩早年的职业生涯都是在有效市场假说（Efficient Market

① 本句话出自《大空头》，派拉蒙影业（2015）。——作者注

Hypothesis，简称“EMH”）的束缚下度过的，但几乎每天都会发生一些与市场理性模型不符的事情。更糟糕的是，很多严谨的实证研究也证明EMH理论存在着明显的缺陷。

后来，我们觉得这理论该淘汰了。我们摒弃了现代资产组合理论和有效市场假说，转而投身行为金融学。我们把过往花费在尝试破解各类无法解释的问题的时间和精力，重新投入到开发基于行为金融的投资管理工具上。这使我们正视市场本来面貌而并非将它看成大多数人希望的样子。

在这个过程中发生了一件有意思的事。我们发现通过行为的放大镜来观察市场，可以建构一种更好的投资决策框架。这是因为市场中的个体很少改变他们的行为模式，情绪化的人群更是如此。而不切实际的理性假设（如基于MPT理论模型）只会带来更加不完善的投资决策框架。

令很多人感到困惑的是，MPT通过数学建模将科学的方法引入投资，但是理性假设需要把市场强塞入一个可以用数学来建模的框架，确实过于极端。其后果就是该理论只有很少，甚至是没有任何实证研究能够支持。事实证明，相比将市场包装成MPT假设的样子，接受市场的本来面貌是个更优的选择，因为市场本来就是充满了带有各种情绪包袱的人。

我们认为此刻正是一个用能提供更深刻见解的行为金融学将现代资产组合理论替换掉的时刻。尽管已有很多人发表过这样的见解，但是我们相信，到目前为止，行为金融学在很大程度上仍然只是一个没有可靠依据的判断。

在本书中，我们将对此进行改进。我们假定投资决策和由这些决策产生的金融市场是非理性的，是由一系列的行为偏误所驱动的。在我们看来，采用主动投资管理方法的基金经理会利用行为带来的错误定价从而获得更多的投资机会。简言之，我们将运用行为金融学所提供的深刻见解来寻求可实际操作的投资策略和方法，正如同医生最终会开出药到病除的处方一样。

文艺复兴时期，人们开始提倡得出结论要通过仔细的实证研究，而不是像中世纪时期那样依靠神话和迷信，这对世界产生了深远影响。同样地，本书的内容是基于已被实证验证的行为金融学的各种概念，在此基础上我们将提供一种新的股票投资组合管理的方式。

股票类主动投资行业生态系统的演变

大部分市场参与者都没有注意到资产管理行业（asset management industry）与资产收集行业（asset gathering industry）是同步发展的。这种同步发展会产生一定的弊端，即出现一种对大部分真正的主动投资基金经理不利的投资生态系统。这个投资生态系统牺牲了投资策略的自由度（长期有效性）来换取更大的资产管理规模（短期营利性）。更关键的是，无论哪一方，没有任何人会因此受到指责。整个同步发展正以一种有机的、向全市场扩散的方式进行。

以下是同步发展的时间线。

1738年　理性模型

丹尼尔·伯努利（Daniel Bernoulli）首先提出，个人可以通过最大化预期效用的方式来做出理性的决定。这个理念成为遍及所有社会科学理性模型的基础，尤其是经济学及后来的金融学。MPT就是理性模型延伸的版本。

1950年之后　对物理学的仰慕

物理学通常基于一系列数学定律完美地描述各种各样的物理现象。因此，物理学一直是自然科学和社会科学所仰慕的对象。经济学为了提高其在社会科学中的地位，从20世纪50年代开始引入数学建模；在20世纪70年代，金融学为了提高其在商学院中的学科声望，在未经实证检验的情况下就接纳了MPT。直到今天，我们仍然在为一时冲动而全盘接受未经审查的MPT付出代价。

1952年　MPT支柱之一：均值—方差投资组合优化（Mean-variance Portfolio Optimization）

1952年，哈里·马科维茨（Harry Markowitz）[①]提出通过均值—

① 哈里·马科维茨（1927—　），美国经济学家，芝加哥经济学派的一员。专长于金融经济学，现代资产组合理论的开创者。1990年诺贝尔经济学奖得主。——编者注

方差最优化的框架［通常也被称为“有效前沿”（efficient frontier）］来构建投资组合，从而使给定单位风险的收益率最大化。[5] 他的公式基于统计方法，常被用于说明资产配置的好处。马科维茨是第一个提出用收益率的方差来衡量投资风险的人。他的模型在沉寂了十多年后才被众多学者和专业投资者广泛采用①。

20世纪60年代中期　MPT支柱之二：资本资产定价模型（Capital Asset Pricing Model，CAPM）

20世纪60年代中期，威廉·夏普（William Sharpe）②、约翰·林特纳（John Lintner）和简·莫森（Jan Mossin）分别提出了如今广为人知的资本资产定价模型。通过引入不切实际的行为假设，他们从马科维茨提出的均值—方差最优化模型出发，得到了均衡定价模型。这个模型显示贝塔是制定投资决策所需的唯一风险衡量指标，并且经过风险调整后，所有投资者唯一需要考虑持有的是，由市场组合和无风险资产构成的投资组合。这对于真正复杂的投资管理来说，真是简化得令人意外！[6]

① 马科维茨往往被认为是“MPT之父”，但是他自己回忆称，巴尔·罗森伯格（Barr Rosenburg）才是第一位标注MPT这个名字的人。——作者注

② 威廉·夏普（1934—　），美国经济学家，斯坦福大学商学院荣誉退休教授。专长于金融经济学，资本资产定价模型的奠基者，曾提出夏普指数（Sharpe ratio）。1990年诺贝尔经济学奖得主。——编者注

1967年　MPT支柱之三：有效市场假说（Efficient Market Hypothesis）

在我们这一代，最著名的金融学术论文莫过于由尤金·法马（Eugene Fama）[①]将理性模型进行了逻辑推演后得出的经验：竞争激烈的市场将始终驱使证券价格等同于其内在价值。该理论被称为“有效市场假说”，它预测股票价格将反映所有相关信息，因此我们不可能通过投资分析获得超额收益。在此基础上，法马指出，除了指数基金，整个资产管理行业几乎都是多余的。这又是一个将极其复杂的过程进行惊人简化的例子。

20世纪70年代以后　在实证检验下MPT成为荒漠

MPT支柱之一：均值—方差优化　1981年，罗伯特·席勒（Robert Shiller）[②]首先向有效前沿理论开了挑战的第一枪。通过研究他证明，收益率的波动性几乎无法用基本面的变化来解释，甚至在审查年度

---

① 尤金·法马（1939—　），美国经济学家，芝加哥经济学派的一员，现任教于芝加哥大学布斯商学院。专长于现代资产组合理论与资本资产定价理论，因与肯尼斯·弗伦奇共同提出“有效市场假说”而闻名。——编者注

② 罗伯特·席勒（1946—　），美国经济学家，畅销书作家，被视为新兴凯恩斯学派成员之一，是全世界影响力前100名的经济学家。专长于行为金融学、财务经济学。因其有对资产价格实证分析方面的贡献，与尤金·法马、拉尔斯·彼得·汉森共同获得2013年诺贝尔经济学奖。著作有《动物精神》《非理性繁荣》等。因在耶鲁大学开设公开课《金融市场》而广为人知。——编者注

收益时也是如此。[8]这些年来，席勒的发现经受住了无数挑战，他也因此获得了2013年诺贝尔经济学奖。这意味着方差和标准差是用来衡量情绪驱动带来的变化，而非基本面的改变。因此，在均值—方差最优化框架下构建的长期投资组合是基于收益与情绪的权衡，而不是如马科维茨最初声称的，是基于风险与收益的权衡。

MPT支柱之二：资本资产定价模型　尤金·法马和肯尼斯·弗伦奇（Kenneth French）①亲口承认了资本资产定价模型的完全失效。虽然他们曾将资本资产定价模型誉为“理论上的精心杰作”。但在2004年他们得出的结论却是:“夏普（1964）和林特纳（1965）提出的资本资产定价模型从未取得过实证意义上的成功。”[9]

MPT支柱之三：有效市场假说　第一个对有效市场假说发起挑战的是桑杰·巴苏（Sanjay Basu），他在1977年发表的论文中称，按照广泛的衡量标准，低市盈率（P/E）股票的回报持续优于高市盈率的股票。这种现象被称为“价值效应”（value effect）。[10]接下来是1981年罗尔夫·班茨（Rolf W. Banz）的研究。他发现，即便在统计上考虑了股票收益的波动率（volatility），小市值股票的投资收益仍持续优于大市值股票。这种现象被称为“市值效应”（size effect）。

① 肯尼斯·弗伦奇（1954—　），美国经济学家，芝加哥经济学派的一员，现任教于达特茅斯学院。专长于现代资产组合理论与资本资产定价理论，因与尤金·法马共同提出“有效市场假说”而闻名。——编者注

[11]此后，又发现了300多个经过学术研究确认且在统计上显著的异象（anamalies）。[12]总之，反对有效市场假说的证据如雨后春笋般涌现。

综上所述，现代资产组合理论被各界否定。

1984年　晨星的诞生

1984年的芝加哥见证了晨星的诞生。晨星试图评估公募基金以造福大众，以及把资金交由基金经理管理的机构投资者们。

1992年　晨星投资风格箱（style box）的诞生

为满足客户对基金经理进行分类筛选的需求，晨星创建了投资风格箱。其潜在假设是所有追求阿尔法收益的投资策略都可以被价值效应和市值效应充分描述。

1992年　因子模型

面对堆积如山的反面证据，尤金·法马和他的合作伙伴肯尼斯·弗伦奇采取了最后的手段，希望能挽救有效市场假说以及资本资产定价理论。这两套理论原本在20世纪70年代和80年代初就已被宣告无效。但是法马和弗伦奇提出了三因子收益模型（three-factor return model），其中包括市场回报（market return）、价值效应和市值效应。[13]他们大胆的解释令人感到吃惊，但这一策略最终还是奏效了：尽管后者对金融市场有着糟糕的描述，但学者们和投资专业人士非但没有拒绝有效市场假说，相反，更多人接受了三因子收益模型。如今，三因子收益模型已被广泛用于实证检验，并且用于评估基金经理的投资业绩。其实我们并不知道根据市场回报、价值效应和市值效应所估算的贝塔究竟代表什么：究竟是捕捉了风险，还是机会？不过似乎并没有任何人在意。法马和弗伦奇对此也一直保持沉默。事实上我们并不清楚，这个模型具体能告诉我们关于市场和投资业绩表现的什么信息，但我们依然被这个模型所裹挟。

20世纪90年代至今　融合与综合

价值与市值风格箱取得了巨大的成功。它从作为事后评估的依据逐渐演化为整个资产管理行业的基础性概念。随着风格箱的出现，一个完全独立的投资中介行业随之兴起。他们的工作通常是：使用MPT工具例如波动率、夏普比率（Sharp ratio）、特雷诺比率（Treynor ratio）、风格漂移（style drift）、跟踪误差（tracking error）以及许多其他指标，代表客户对基金经理的业绩进行评估，进而协助客户将资产分配给不同的投资管理机构打理。这造成一个出人意料的结果：投资中介行业做出的投资管理策略不仅平淡无奇而且千篇一律，还导致效仿指数的伪主动投资管理者的投资业绩持续不佳。这是因为，风格箱与追求阿尔法收益的基金经理们所采用的投资策略没有太大关系。

MPT和风格箱造成的连带损害

正如我们已经提到的，从MPT和风格箱而诞生的许多概念，对主动投资管理型基金经理们造成了很多连带伤害。这些连带伤害主要包括：

- ▲ 基于风格箱的基准已从事后的业绩衡量指标变为事前的投资限制。
- ▲ 为了简化并试图形成稳健的数学理论，MPT的教父使用了波动率（即收益率的标准差）和贝塔作为衡量风险的主要指标。这导致了基金经理总是专注于避免短期情绪触发的波动、回撤和跟踪误差。但这种做法长此以往会损害股票基金的长期业绩。
- ▲ 在测试MPT时，股票价格行为中出现了一些持续存在的异象，即价值效应与规模效应，它们构成了投资风格箱。当风格箱与资产配置理论、波动率、风格漂移以及跟踪误差等业绩指标相结合时，它就严重制约了主动投资管理型基金经理的创造性，因为投资管理风格将被强行限制在非常有限的几种类别中。
- ▲ 当基于波动率的投资绩效指标与时间压力叠加时，这种短视主义最终会导致基金经理的职业生涯面临风险。因此，大多数主动投资管理型基金经理都希望尽可能地把握业绩比较基准的表现，最终导致其投资业绩表现不佳。

▲ 如果往前回溯几十年，请记住基金经理们始终试图带来总回报和绝对回报。我们可以评估大多数事物的方式来评估他们：如果有人说他们可以做到某事，且事实证明他们可以，那我们就认定他们可以做到。只有其他人同意在同等的空间内竞争，并实现相同的目标时，我们才可以宣布这是一场比赛，并以排名来确定最终的冠军。

当基金经理的投资业绩需要同股票指数及其指数所有的特征进行比较，而不仅仅是看总回报时，那么从定义上看，基金经理的业绩就注定无法超过业绩比较基准。如今，主动投资管理型基金经理不仅被要求击败指数，还必须投资与指数相同的证券，兼顾相同的行业权重和波动性，且不允许有跟踪误差和风格漂移，费用还要更低等等。

我们来看另一个领域的例子。世界上只有一个尤塞恩·博尔特（Usain Bolt）。在规则已经明确的百米短跑中，对手的确有可能击败博尔特。但是否有可能找到另外一个在百米比赛中可以击败他的选手，并且还要求该选手有着和他同样的身高、体重、步幅、加速度和倾斜度等？显然这是不可能的。因为博尔特并非标准，赢得比赛才是标准！正如在田径比赛中唯一的标准是赢得比赛一样，在投资管理行业中基金经理们的标准应该是总投资收益率。

用行为金融学来拯救

> 在物理学领域，你在与上帝对抗，而他并没有经常改变他的规则……在金融领域，你在与上帝所造之物对抗，而他们则是根据其转瞬即逝的观点来为资产估值……结果，物理学家出身的金融宽客们（Quants）并不对他们的理论有过多的期待，然而许多经济学家却天真地期待完美无瑕的理论。[14]
>
> ——伊曼纽尔·德曼（Emanuel Derman）博士
>
> 哥伦比亚大学金融工程项目主任

希望我们已经说服你，MPT不仅是未经科学验证的理论，而且还创造了一个无法维持的生态系统，让那些主动投资管理型基金经理在其中竞争。应对这个问题的方法有很多，其中之一就是：放弃MPT及其有缺陷的生态系统；另一个应对措施是寻求更好的市场行为解释。也许在这种解释中，我们可以找到一种方法来为终端客户再次创造阿尔法收益。当然，这种方法就是行为金融学。

如果你刚接触行为金融学（身边很多人都是这样），那么花一些时间对近几十年研究识别出的主要行为偏误有个基本认识是一件十分值得的事。①理解这些行为偏误之后，你就完成了第一步，接下来

① 巴斯特·本森（Buster Benson）对近40年来行为科学家发现的近200种认知偏差进行了全面的整理。他的成果被改编成了一幅有用的图表，名为“认知偏见法典”（Cognitive Bias Codex）。——作者注

我们将学习识别它们如何在内部运作。最终，在投资管理的决策中，我们将从理解这些行为偏误中受益。

在行为金融理论中，我们承认金融市场是由人组成的，必然具有由情绪化决策带来的缺陷。因此，从本质上讲，消费品市场和金融市场几乎没有什么不同。在两个市场中交易的对象可能有所不同，但是个人如何在这两个不同类型的市场中做出决策却非常相似。

这个概念不仅适用于个人根据自身的财务状况来做投资决策，还适用于决定投资组合资产配置的决策、评估基金经理业绩的决策和个人买卖证券的决策。无论决策者是未经专业培训的散户还是高专业素质的投资人士，情绪与由此产生的行为已渗入投资管理的方方面面。

基金能产生阿尔法收益吗?

以上问题真的重要吗？既然我们都已经知道主动投资管理型基金经理们不能超越自己的业绩比较基准。

事实上，已经有大量证据表明，主动投资管理型基金经理是出色的选股者。许多研究人员发现，如果基金在扣除各类费用后能赚到相当于基准的回报，那么在收取费用之前，他们必须确保赚取足够的收益来覆盖各项费用。在实践中，拉斯·沃默斯发现，股票型基金经理持有的每只股票的平均阿尔法收益为130个基点，约等于平均的基金费用。[15]

如上所述，市场中不仅存在数百个在统计上和经济意义上显著的异象，同时也有很多的实际证据证明公募基金能够利用这些错误定价的机会为其投资者创造阿尔法收益。据乔纳森·伯克（Jonathan Berk）和理查德·格林（Richard Green）估计，如果资产管理规模增长得不太显著，80%的股票型公募基金经理具有足够的选股技巧来覆盖各项费用。①[16]在最近的一项系统的综合分析中，马丁·克雷默斯（Martin Cremers）、乔恩·富尔克森（Jon Fulkerson）和蒂莫西·莱利（Timothy Riley）对近20年来发表的数百份公募基金的研究进行了调查，发现了许多基金经理投资管理技术过硬的证明。[17]他们成果的一部分指出大量研究存在潜在的致命缺陷，而这些缺陷正是主动投资管理型基金想要知道的；他们在质疑声中过滤出信号并得出以下结论：

虽然主动投资与被动投资之间的争论尚未解决，许多研究也依然存在挑战，但我们仍能通过当前学术文献的发现得出结论——对于投资者来说，主动投资管理模式比传统智慧所主张的投资模式更有前景。

正如我们在概论中所讨论的那样，我们还有一线希望去阻止那

① 他们在论文中论述到一位基金经理通过不断扩大其管理的资产规模来获得与其投资能力相匹配的经济收益，因为基金管理费通常是基于基金的规模而非基金的投资业绩。然而，随着基金规模的膨胀，获得优秀的投资业绩就会变得越来越困难。有证据显示，10亿美元的规模大约是获得优异选股策略基金的上限。——作者注

种急于退出主动投资而转向被动投资的趋势。现在指数基金持有了越来越多的股票，然而这些基金仅仅对投资者的资金流向产生反应，而不是对持有股票的基本面 。于是，股票的错误定价程度也越来越高。拉斯 · 沃默斯和姚彤（Tong Yao）也证实了这一现象。从长期来看，他们发现被被动管理型基金持有得“过多”和交易频率“过高”的股票更容易呈现出错误定价，并在之后更容易出现价格有较大反转的现象。[18]

这意味着，当投资者逐渐远离效仿指数基金的伪主动投资管理型基金，并出现把他们的资金转移到低成本指数基金的趋势时，精选个股的投资机会将明显增加。对于那些想经营真正的主动投资管理型股票基金的人来说，这是个好消息。

现在我们要来看看成功的主动型股票投资管理的秘诀是什么。在第一章中，我们将列出后续章节所需了解的行为金融学的基础知识。

第一章　行为金融市场

在十字路口

布鲁斯·本内特（Bruce Bennett）正处在人生十字路口上。

在成为受人尊敬的投资顾问的职业道路上，他走得一帆风顺。但是在这个行业中，人们通常会认为投资经理的业绩表现很难持续超越其业绩比较基准。然而，布鲁斯却不断发现有些投资策略可以较高的超额收益率打败基准。这个结果令人不安，因为随着时间的流逝，这些超额收益并没有因套利行为而消失。他对此产生了疑惑："在一个广泛信奉信息有效市场的环境下，这种超额收益是如何产生的呢？"

最近，布鲁斯发现了一个名为"从媒体的愤怒中获利"的策略。该策略由汤森路透市场心理指数的制定者理查德·彼德森（Richard Peterson）所创建。[19] 彼德森和其团队的策略非常简单——持有社交媒体和新闻界最不看好的那20只股票。选中的每只股票都是基于客观标准的，每月换仓并持有一年。该策略无视有效市场假说，从1999年到2018年年初，均打败了标准普尔500指数，当中除了有两年是例外。平均而言，该策略的年化收益率比整体市场高出了10%。布鲁斯不禁再次问自己："这是怎么做到的？"

尽管简单直接，但情绪上难以接受

布鲁斯发现，包括彼德森策略在内的许多成功策略的逻辑都非常简单直接，但问题的关键在于这些策略从情绪上难以接受并实施。由于这些策略是基于投资者群体情绪构建的，而布鲁斯又明白人们很少会改变自己的行为习惯，因此他得出结论：这些策略很可能将是持续有效的。成功实施这些策略的另一个非常重要的因素是，投资决策要免受情绪化行为的影响，虽然这些情绪化行为恰恰创造了获取阿尔法收益的投资机会。换言之，对基金经理来说，实施这些策略在情绪上颇有挑战。

布鲁斯一直在思考，为了广大投资者的利益，我们应当如何鼓励寻求成功的策略。他逐渐意识到他和他的投资顾问同事们所采用的选择和评估基金经理的方式阻碍了投资团队对可获利策略的追求。

事实证明，如果我们要求基金经理减少风格漂移、跟踪误差、波动率以及回撤，实际上是在鼓励投资团队与情绪化的群体保持同步，从而扼杀了基金经理获得卓越业绩的可能性。布鲁斯意识到上述每一个要求基金经理减少的指标都代表了一个可以触发投资者群体情绪的点。要求将这些指标最小化，实际上是在要求基金必须迎合投资者的情绪。问题在于，如果能最小化以上指标，就意味着投资经理是成功的主动投资管理者，然而基金必须与业绩比较基准有所不同才有可能超越基准。最小化投资组合的这些指标最终将走上效仿指数的伪主动投资管理的道路。

布鲁斯在心里对自己说："难道我是想阻止而不是鼓励卓越的业绩吗？"在解决这个问题之前，他需要一个新的概念性市场框架，在这个框架之上他可以构建一套新的方法。布鲁斯确信，他必须先接受资本市场真实的面貌——非理性、充满投资机会，而不是行业内许多人认为市场应该有的样子——理性、缺乏投资机会。但是这种更好地看待市场的视角到底是怎样的呢？

正视市场的本来面貌

> "事实上，我们必须远离这样一种前提假设：金融市场总是运转良好，且价格的变动总能反映真实信息……经济学家面临的挑战是如何使真实的现象成为其模型中更好的一部分。"
>
> ——罗伯特·席勒
>
> 《从有效市场理论到行为金融学》[20]

席勒教授是在2003年写下上面这段话的。十年后，他因在行为金融上开创性的研究与拉尔斯·彼得·汉森（Lars Peter Hansen）①[20]、尤金·法马共享了2013年的诺贝尔经济学奖。提名法马教授为共同获奖人这一举措在颁奖典礼前引起了一些闲言碎语，因为席勒曾将法马的有效市场假说描述为“经济思想史上最显著的错误”。谁说诺贝尔评奖委员会没有幽默感呢？

2017年的诺贝尔经济学奖颁给了芝加哥大学的理查德·塞勒教授（法马也是芝加哥大学的教授），这让行为金融学得到了进一步的发展。塞勒在其研究生涯中一直关注个人所犯的认知错误，以及如何修改政府政策与商业政策，从而助推（nudge）人们做出更优的决策。[21]

如今，行为金融学在金融服务行业的每个领域都有踪影。理财顾问们热衷于这样的理念：要成功地执行客户的金融投资计划，非常重要的一点是要运用行为金融学对客户进行指导，正如很多人都认为的那样，指导必须在与客户交流的总时长中占较大的比重。而且，许多产品正不断涌现，以帮助理财顾问支持客户在面临众多可能的情绪压力源时追求理性的结果。

自席勒2003年发表那项声明以来，大量新的且经过学术验证的资产定价异象如雨后春笋般涌现。这进一步挑战了“价格变化总是

① 拉尔斯·彼得·汉森（1952— ），美国经济学家，芝加哥经济学派的一员，现任教于芝加哥大学。他最出名的工作是广义矩法，专注于金融和实体经济部门之间的联系。因为对资产价格实证分析方面的贡献，与尤金·法马、罗伯特·席勒共同获得2013年诺贝尔经济学奖。——编者注

反映真实信息”的理念。现在到了一个临界点，我们必须开始思考：是否集体认知错误才是投资回报的主要驱动因素，而非新的信息。

理解投资者行为是理解市场的最好方式

将投资者与市场视为情绪化的决策者，而不是如计算机般的理性实体，迫使我们重新思考我们是如何运作金融市场的每一个方面的。切换到行为视角是非常重要的第一步，在转变了认识以后，就正式轮到如何改进分析工具了。

正如席勒所说，从现代资产组合理论的支柱之一——有效市场假说，转到另一个更有前景的选择——行为金融市场（Behavioral Financial Markets，BFM）[22]，现在正是好时候。在本书的后续章节中，我们将分别讨论四个有关行为金融市场的概念。这四个概念为我们重新思考客户的财务规划、资产配置、投资经理的选择与评估，以及投资策略的制定与执行提供了框架。

四个基本概念

我们认为在行为金融市场中有四个基本的概念：①

（1）市场价格主要由情绪化的大众所推动。

（2）投资者是非理性的，金融市场不是信息有效的。

① 最新的研究提出了两个替代模型。这两个模型将市场视为一个生态系统，我们最好能用生态和进化的概念而不是像物理学一样的定律来理解市场。——作者注

（3）市场中存在几百种由行为导致的价格扭曲现象（价格异象）可供投资者利用。

（4）控制情绪是决定长期财富最重要的因素。

行为金融市场的概念1：市场价格主要由情绪化的大众所推动，而不是基本面

我们很难理解市场及所处其中的股票在短期内的变动方式。这点是令人紧张和不安的。因为我们是投资专业人士，我们的客户期望我们能够理解并解释市场的波动，因为这些波动是令人心神不宁的，甚至是彻头彻尾恐怖的。然而，事实是多数个股和市场的波动是无法解释的，这是因为它们是由情绪化的大众所推动的，没有任何可识别的原因。

一个由媒体和专业人士所组成的生态体系已经成长起来，可以填补这一信息空白。市场内发生的事件可不断地被归因于某一信息或事件。每一天，媒体都会为市场为什么如此这般给出一个理由。这是因为大众是通过故事的叙述来了解这个世界的，故事越详细，在公众眼中就越可信。

当被问及为什么今天市场下跌时，汤姆回应："我并不知道今天市场为什么下跌。市场有时候上涨而有时候下跌，我不知道其中的缘由。但我知道的是'55/65/75'定律，即股票市场在55%的交易日、65%的月份以及75%的年份中的收益为正。我喜欢这样的赔率，也正因为如此我持续参与这个游戏！"

很少有媒体询问汤姆对每日走势的看法，因为他缺乏那种能引起投资者共鸣的叙述技巧。与此同时，多年来杰森也一直表示，他的成功从来不是建立在对金融市场的理解上。因为他发现金融市场的日常变动是难以解释的。

因此，如果你被客户问到为什么市场、股票或其他证券在某天大涨或大跌时，最诚实的回答通常是："我不知道。"尽管这有可能让人不安，但这就是行为金融市场第一个概念的结论：情绪才是金融市场波动的主要驱动因素，而不是基本面。

有些人可能会觉得如果承认市场中发生的许多事情无法解释，就意味着作为一个专业投资人士能提供给客户的服务很少。但事实恰好相反，承认这一点是为客户创造更多价值的第一步。金融市场是不能轻易被解释或简单地打包成一组数学公式的。金融市场充满了噪声且有极高的不可预测性，在金融市场中成功运作的唯一途径就是避免被这种混乱所愚弄。

在我们继续阐述之前还有一点需要强调。由于市场每天交易量的占比不高，这意味着实际上只要新闻中出现触发情绪波动的事件，不需要太多的额外交易就会导致价格出现剧烈波动。[①]毕竟，证券价

① 根据世界证券交易所联合会与世界银行的数据，1992年到2017年全球股票市场的日均成交量占比仅为0.29%。换言之，每个交易日仅有0.29%数量的股票被交易。在市场情绪高涨时期，比如2008年的大衰退，全球日均成交量激增到0.34%。——作者注

格是由一小部分边际买家与卖家所决定的。

投资者的错误会相互抵消吗？

这里有一种需要考虑的可能情形是，不同投资者的非理性行为是否会相互抵消，从而最终仍然产生一个有效的定价机制。你可能在消化本章内容时已经考虑过这一点了。换一种说法，难道市场不总是由观点不同的竞价者和询价者、需求者与供给者所组成的吗？因此，尽管个体投资者可能是非理性的，但加总后从整体看他们是理性的，难道不是吗？

在表1.1中，我们列举了自己收集的数据。数据显示，从1950年到2018年9月相对标准普尔500指数成分股的年平均水平，在此期间标准普尔500指数的平均高低价差为22.5%。

表1.1　标准普尔500指数年平均相对高低价差

十年区间	标准普尔 500 指数平均价差
1951—1960 年	20.7%
1961—1970 年	20.7%
1971—1980 年	23.6%
1981—1990 年	23.9%
1991—2000 年	20.7%
2001—2010 年	28.5%
2011—2018 年 9 月	17.6%
总体均值	22.5%

资料来源：雅虎财经。

为什么高低价差如此重要？

如果金融市场的价格按照推测是理性定价的，完全是基于对新信息的反映，那么相对一年内的平均水平，整个广义指数的年平均价差范围达22.5%，这合理吗？

毕竟，标准普尔500指数的成分股公司的实际经济价值在一年内不会变动22.5%。例如，宝洁公司每年在整体众多产品门类中都能稳定地保持几百万单位的销售量，这种状况已经持续几十年了。因此，如果它的价格出现与其实际经济价值步调不一致的大幅波动，这将是非常不理性的。

无论怎样，我们可以期待公司价值应当紧密围绕着其商业模式实际的期望经济价值而波动。显然，对于标准普尔500指数中的成分股而言，它们规模庞大且具有长效的商业模式。这种幅度的平均波动是违背常理的。相反，22.5%的平均波动恰好是行为金融学所预测的非理性行为的证据，这与诺贝尔奖得主罗伯特·席勒在1981年率先提出的“非理性投资者”概念是一致的。在此之后，众多学术研究证实了席勒的理论。[24]

行为金融市场的概念2：投资者是非理性的，金融市场不是信息有效的

行为金融市场的概念与20世纪金融学理论的支柱产生了很大的冲突。传统金融学理论通常假设：投资者追求预期效用的最大化，

且市场价格反映了所有相关信息。

行为科学的研究大大削弱了期望效用最大化的概念。事实上，一个现实的假设就是，个体投资者能够收集所有所需信息，并准确处理这些信息，最终做出理性决定。这种观点最早由经济学家赫伯特·西蒙（Herbert Simon）提出，被称为“有限理性”。[25]

丹尼尔·卡尼曼（Daniel Kahneman）、阿莫斯·特沃斯基（Amos Tversky）及其他经济学家令人信服地证明了一个更具杀伤力的发现：即使所有信息都是可得的，个人仍然极易发生认知偏误。经过多年的研究，卡尼曼与特沃斯基得出结论：总体来说，人类是非理性的决策者。[26]

既然我们很容易受情绪影响从而犯下认知上的错误，那么只要稍微往前迈一小步，我们就能得出结论：市场不可能是信息有效的。支持这个结论的证据非常多。正如我们在前文所指出的，学术论文已验证了成百上千种统计上显著的价格异象，并且越来越多的异象还在继续被发现。结论是一幅残酷的场景：情绪化的投资者背负着认知偏误，容易陷入“羊群效应”，经常使价格脱离公司的基本面价值。

并非所有信息都会丢失

出乎意料的是，从行为角度分析投资者和市场提供了一个更可靠的分析框架。为什么呢？这是因为，如你所知，我们多数人难以改变自身行为，而群体则更加不倾向于改变他们的集体行为。

如今，理财顾问们正围绕着丹尼尔·卡尼曼与阿莫斯·特沃斯基等行为学家在近40年内发现的行为概念与行为偏误来展开实践操作。由此产生的财务计划和对客户的持续指导都是以短期内不太可能改变的行为作为基础的（见第二章）。

基金经理与分析师们根据可度量且具有持续性的行为因子来构建投资策略，且经常使用基本面数据作为这些因子的客观代理变量（见第四章）。众所周知，无论个人还是群体都极不愿意改变自己的行为，这意味着根据行为因子构建投资策略的基金有很好的机会在很长一段时间内表现优异。

投资顾问与投资平台上的分析师（基金分析师）也可以关注行为（见第五章）。他们需要创造激励机制来鼓励基金经理们做出能够带来更好投资业绩的行为。根据学术研究与产业分析，以及汤姆自身的研究，如果想要获得优秀的投资业绩，就要求基金经理持续采取一个严格定义的策略，同时只持有高确信度的资产投资组合头寸。[27]到目前为止，人们关注的焦点一直是减少短期波动、风格漂移与跟踪误差。改变激励机制能促使基金经理改变行为方式，从而以为投资者创造长期财富为目标。

行为金融市场的概念3：存在几百种由行为导致的价格扭曲现象（价格异象）可被用于构建更好的投资组合

当诸如2016年英国脱欧公投之类的意外事件发生时，其引发市场参与者情绪波动的方式是类似的。在公投开始的第一个小时，市场大跌（不要忘了"损失厌恶"偏误）。这种市场整体的反应被"羊群效应"进一步放大了。确实，即便没有外部事件发生，也仍然有可能发生"羊群效应"。即便我们不知道人群突然发生踩踏的原因，但当我们看到每个人都对此做出反应时，我们也会因此而集体做出反应。

情绪化的人群在市场上如无头苍蝇般乱窜，便为那些没有被卷入其中的专业投资人士创造了大量的投资机会。我们称这种投资机会为"行为错误定价"（Behavioral Price Distortions）。此外，由于这些投资机会的存在与有效市场假说产生了不一致，它们在学术论文中被称为"异象"。而当它们被纳入资产定价模型或用于构建"聪明贝塔"（Smart Beta）时，又被称为"因子"。我们更偏好使用"行为错误定价"这个术语，因为这表明了它们是由集体情绪行为所导致的结果。

在坎贝尔·哈维（Campbell Harvey）的网站上可以找到已经过学术验证的一份完整的错误定价清单。[28] 其中一些著名的错误定价的"聪明贝塔"回报可以在肯尼斯·弗伦奇的网站上查询。这里我们在表1.2中列举了从中选取的一个样本的长期表现。[29]

表1.2 行为错误定价（1927—2018年）

回报序列	年化回报率
市场无风险回报	8.34%
小市值 大市值（市值效应）	3.12%
高账面价值 低账面价值（价值效应）	4.73%
高动量 低动量（动量效应）	9.24%

资料来源：肯尼斯·弗伦奇的网站（http://mba.tuck.dartmouth.edu/pages/faculty/ken.french/）。

这些只是分析师在构建投资策略时使用的一小部分具有吸引力的错误定价机会。这些错误定价是主动投资管理型基金经理在构建投资策略时会使用的元素之一。

而对于“聪明贝塔”而言，这些错误定价的机会就意味着整个投资策略。此时，它们通常被称为“傻子阿尔法”（dumb alpha）。这是因为，基于此构造的投资组合实际上复制了错误定价策略的指数。例如，通过投资低P/E的股票，从而获取价值效应所带来的收益。

对于其他的主动投资管理型基金经理，错误定价仅代表了投资策略的一小部分。这是因为，基金经理的独门秘籍或者决策流程构成了剩余部分。举例来说，基本面投资团队在对感兴趣的公司进行初次研究时，他们主要采用的方法是财务分析、了解公司的产品线和运营、对管理团队进行访问、调查公司运营的竞争环境以及公司的其他重要方面（详见第四章）。在这种情形下，被识别出来的错误定价会被用于增强策略，比如考虑公司的市盈率或以动量指标作为买卖公司股票决策的一部分。

行为错误定价这种策略通常能为成功的主动投资管理做出贡献。

行为金融市场的概念4：在投资过程中的每一阶段处理好情绪，是决定你长期财富水平最重要的因素

管理客户的情绪

情绪及由此产生的行为是管理客户投资组合时需要考虑的最重要因素。这个过程从基于客户需求的投资规划开始，在规划中为客

户每个不同的需求单独构建投资组合。在规划的初期阶段，如何消除投资者的情绪偏误对整个财富积累过程来说都是至关重要的。在投资组合的增长部分，关注点始终要放在较长的投资期限上。理财顾问的任务是鼓励客户用更加长远的视角来规避由短期事件带来的情绪化反应。有证据表明，这种短视的、试图避免短期损失的决策对个人财富有着深远的负面影响。[30]情绪疏导和训练是理财顾问可为客户提供的最重要的服务之一（详见第二章）。

如果基于需求的投资规划是成功的，那么客户投资组合中增长部分的资金就可以主要配置如股票这样预期回报高但短期波动较大的产品。不可否认，当市场发生剧烈波动时，让客户避免频繁地进行高成本交易而持续保持满仓是颇具挑战性的。

利用行为错误定价

基金经理及其分析师必须在多个层面上处理好情绪。在构建投资策略时，只有那些经过细致且深思熟虑分析的、被证明是可测量且持续存在的行为错误定价才是可以接受的。例如，虽然美联储的行为与利率政策经常被认为是导致短期市场波动的原因，但鲜有证据证实这种因果关系。

我们的目标是聚焦于那些有大数据或被真实世界实证检验支持的错误定价，而忽略除此之外的其他一切。久而久之，投资团队将成为在市场巨大噪音中捕捉投资信号的专家。这意味着，他们也许不能解释每天发生的事件，但他们有能力为客户带来长期财富。

策略实施

在实施某一策略时，有一件事非常重要，那就是不要像非专业人士那样屈服于相同的情绪。如今，有大量的研究可以展示，基金经理是如何避免那些将对投资组合回报带来巨大伤害的认知错误的。[31]例如，不要爱上你所投资的资产，而是要形成一套客观的卖出准则，从而避免这样的情绪。

基金经理的评估

对于投资顾问与投资平台的分析师（基金分析师）来说，避免将顺从投资者情绪的指标用来选择和评估基金经理是颇具挑战性的。即便面临很长的时间跨度，个人投资者对短期波动、回撤以及追踪误差的反应仍然是非常剧烈的。这些情绪最好通过以下方法来处理：细致的财务规划、多策略的投资组合以及理财顾问的情绪疏导和训练。

然而，面临这一困境时，许多投资顾问采用的是最低标准，即期待每个基金都通过降低短期波动率与追踪误差来管理各种可能触发情绪的事件或因素。这将导致投资组合业绩表现不尽如人意，并降低长期财富水平。如果每个基金在每个时期都必须迎合投资者的情绪，那么投资者最终要为此付出高昂的代价。

我们的客户是用基金所产生的绝对回报进行消费的，而不是他们的情绪，或由情绪产生的波动。因此，无论理财顾问、基金经理还是分析师，都必须始终关注创造长期财富。而实现这一点的关键在于不要放纵自己及客户的情绪。

本章回顾及下章展望

从总体上看，情绪驱动的行为是行为金融市场中的基本概念。市场上充满背负着情绪包袱及有着相关认知错误的个体投资者。由于“羊群效应”及低参与度，这些认知错误在市场内部被放大，从而导致价格剧烈波动。情绪失控的人群是造成收益率过度波动的原因。正如罗伯特·席勒在其著作《非理性繁荣》（*Irrational Exuberance*）中所指出的，你只需要看看股票市场价格的泡沫，就可以找出情绪化群体对价格造成巨大影响的证据。

当然，经济、政治、国际及市场各方面的信息会持续流入市场。我们曾认为由于市场参与者能够理性地处理这些信息，并对资产重新定价，因此这些新信息的到来是价格按照其方式变动的主要原因。但这个如田园诗般理想主义的理论如今已被粉碎，取而代之的是情绪化的人群成为市场变化最重要的驱动力。

在职业资金管理者的投资过程中，基本面信息并不在前端或中心，而是在幕后发挥重要作用。并且，如果我们的投资视角足够长远，基本面信息会影响个股和市场的回报。在经济上最成功的公司将长期赢得最高的回报。股票市场长期上涨的原因与潜在经济增长直接相关。

影响清单上的顺序发生了改变。情绪化人群主导了短期内的价格与收益率，而基本面只在长期发挥作用。对于那些下功夫研究如何做出投资决策的人来说，这并不意外；但对于很多学界和专业投资社群的人来说，这意味着思考与分析市场的整体框架发生了质的变化。换言之，当我们尝试理解短期市场价格变动时，我们必须更关注情绪及情绪带来的行为，而不是基本面。

借鉴之前席勒教授的话，“对于投资专业人士来说，如何让这一现实成为模型中更好的一部分将是非常大的挑战”。换言之，投资专业人士要让客户认清市场的本质，而不是停留在人们对市场的假想中。行为金融市场对金融市场进行了更加现实的描述，由此衍生的分析工具将在本书剩余部分说明。

第二章　如何成为更好的理财顾问

波动的回归

2018年2月，当弗兰克·卡尔森（Frank Carlson）走进位于丹佛的办公室时，他的心思完全被金融界近几周发生的事情所占据了。在经历了过往12个月的平静期后，市场的波动报复性地卷土重来。因为上周出现了波动率指数（VIX）① 史上最高的单日跳涨，所以他的客户非常关心当前牛市还能持续多久，以及现在是否应抛售变现。

最近，他也常想到一些过去的事情。自大萧条以来，投资者已从美国股票公募基金中撤出了数千亿美元，据估计，2008年，仅股市就损失了总计6.9万亿美元。多年来许多投资者一直在离场观望，错失了赢回财富的机会。[32]

随着市场波动回归常态，客户对市场的疑问也越来越多。弗兰克懂得，未来几周他必须聚焦于对客户行为的指导，以避免客户提

① 波动率指数是芝加哥期权交易所市场波动率指数的交易代码，常见于衡量标准普尔500指数期权的隐含波动性。通常被称为“恐慌指数”或“恐慌指标”，它是了解市场对未来30天市场波动性预期的一种衡量方法。——编者注

出恐慌性的抛售要求，否则他们将会永久损失掉自己的财富。

不断变化的行业

过去弗兰克一直相信，近年来低成本指数产品的大规模推出，加上长期的牛市，已使许多投资者将投资视为一种没有差别的商品。许多人都认为投资决策只是简单地去购买成本最低的投资产品。

为了提供比正在快速扩张的智能投顾（robo-advisor）以及指数基金更多的价值，弗兰克开始把提供理财规划和行为指导纳入其服务范围。此外，他还成为行为理财顾问（Behavioral Wealth Advisor, BWA）大军中的一员。行为理财顾问不只是简单地提供反应式的建议，而是一个新兴崛起的职业类别。他认为，当前的形势促使他朝着行为理财顾问的方向迈出下一步，这既是个挑战，也是个机会。

弗兰克确信，决定长期财富的最重要因素是投资者的情绪、由情绪而产生的行为，以及由行动驱动而做出的投资决策。行为指导是其实践中很有价值的一部分，而这是智能投顾无法提供的。正是这些指导能够使他的客户可以在市场波动时保持冷静，并继续投资于主动管理型基金。他认为，与指数基金相比，主动管理型基金的长期收益更高。

带着这些想法，弗兰克为他当天的第一次会议做了准备。他的客户对最近市场波动的回归表现得极为焦虑。

行为理财顾问的不同之处[33]

我们的故事从一开始就有理财顾问出场。他们在帮助客户规避那些非常不利于长期财富累积的情绪错误起到了关键作用。在现代资产组合理论向行为金融学转变的过程中，理财顾问工作在第一线。通过跟踪资产管理业界接受和运用行为金融的趋势，我们可以初步了解到一些变化，它们最终将席卷基金分析师、投资咨询师、买方分析师以及基金经理等岗位。本文将在后面的章节中讨论这些内容。

行为理财顾问采取全面和主动的方法进行财富管理，即在整个客户服务模式中创建行为准则，旨在增加客户的信心，并最小化客户的行为偏误。根据我们与数百名理财顾问一起工作的经验，发现做出一些适当的改变，将会带来更好的客户关系和更成功的实践。本章后面所要描述的正是这些改变。

Cerulli Associates咨询公司[34]发现，那些更加专注于客户体验而非仅仅注重自身投资专业水平的理财顾问，往往会得到更快速的职业成长，收获更多的客户投资和更高的客户忠诚度。这个现象可以佐证我所说的“改变能带来好处”的说法。

在理财规划方面，安娜玛利亚·卢萨蒂（Annamaria Lusardi）和奥利维亚·米歇尔（Olivia Mitchell）发现，那些制定并坚持一个理财规划的投资者会比那些根本不做规划的投资者拥有三倍多的财富，具体如图2.1所示。[35]理财规划的理念只是作为对外部理财专家的补充和支持，并帮助客户避免出现情绪性错误。但是理财规划的确是行为理财顾问的核心工作，这反过来也酝酿了一个不断改进的、成功的实践过程。

<table>
<tr><td rowspan="2">制定并坚持了理财规划
$1 002 975</td><td rowspan="2">制定了储蓄规划
$910 382</td><td>经计算的退休后所需开支
$742 843</td></tr>
<tr><td>无退休后的理财规划
$338 418</td></tr>
</table>

图2.1 不同理财规划下的财富总净值

随着财富管理行业的不断发展，为了适应投资者不断变化的需求，如今有许多新的市场参与者可以为他们提供服务。例如，智能投顾通过全自动化、低成本甚至零成本的方式提供理财解决方案。这让理财顾问们感到了压力，因为他们需要证明自己的服务值得付费。相比之下，行为理财顾问解决了客户的综合理财需求，并提供了更多的定制化规划和行为指导。

正如我们前文所讨论的，即便数据就摆在投资者眼前，他们依然会根据自己的情绪而不是逻辑和历史数据做出投资决策。[36] 显然，我们作为成年人，在金钱上所受的教育以及所经历的特定环境，都可能导致我们在投资决策中做出不利的行为。此外，触发事件也会导致常见的情绪反应和认知偏误。我们都知道这些错误代价高昂，但是与行为理财顾问合作的投资者很有可能避免这些错误。

事实上，先锋基金[37]、罗素投资（Russell Investments）[38]等公司的研究已经量化了行为指导在投资者回报方面的价值：经测算，它占了年化收益的三分之一到一半！

这些研究旨在帮助理财顾问明确其对终端客户的全部潜在价值。这些价值只有在同时结合了投资方案（Investment Solutions）、理财规划（Fiancial Planning）以及行为指导（Behavioral Guidance）时才能实现，如图2.2所示。

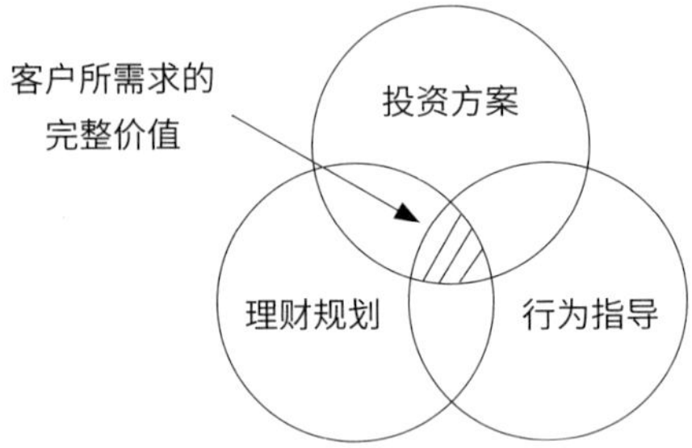

图2.2 一名理财顾问的全部潜在价值

关键的投资原则

“我们的大脑是古老的、饥饿的且没有耐心的。它每天消耗20%的能量，却只占体重的3%，而且它做决策非常迅速。自从史前文明以来，它已经有15万年没有进化了。在那时，世界有重达300磅①的

① 磅：英制重量单位，1磅约等于0.45千克。——编者注

豪猪、长达12英尺[1]的巨蜥以及剑齿虎。”

——丹尼尔·克罗斯比（Daniel Crosby）

《非理性效应》（*The Behavioral Investor*）[2]

明确了行为理财顾问的重要作用后，我们现在来看一组基础性的投资原则。这些原则可以被视为行为理财的支柱。

超越波动，重构风险

一个核心原则是，要认清股票市场的短期波动本质上是买卖双方情绪的体现。波动性是资本市场的一种自然现象，是人们为股票回报溢价付出的成本。

尽管投资行业错误地使用波动率作为风险度量指标（如风险容忍度、回撤、标准差、跟踪误差），但是，对于长期投资组合来说，波动率本身并不是风险。一个长期股票投资者应当学会对股票市场的短期波动形成正确预期并忽略它们，把它们当作坐飞机时所必须经历的颠簸。投资者应该把注意力放在其投资旅程的最终目的地上——他们的投资目标和长期收益。

我们认为，对于投资组合中长期增长的部分，最常见、最关键的风险类型是跑输业绩比较基准的风险，或错失投资机会的风险。

① 英尺：英制长度单位，1英尺约等于0.30米。——编者注

② 本书译名采用中国台湾版（今周刊出版，2019年）。——编者注

这通常意味着我们因为没有持有足够的股票敞口而付出了机会成本。我们的客户不是用贝塔值或标准差来消费的，而是用金钱。

从历史上看，人们为试图避免波动会产生极高的机会成本。例如，在股票投资方面过于保守的退休人员也许无法享受长期股票收益，反而面临退休金耗尽的风险。

如图2.3所示，在过去30年里（截至2017年12月31日），股票（标准普尔500指数）的年化收益率为10.6%，而同期债券（10年期美国国债）和现金（3月期美国国债）的收益率分别为6.4%和3.1%。

它们之间收益有显著的差异，若以美元计价，这种差异则更加明显。在过去30年里，价值10000美元的现金可净赚24728美元，等额的债券可净赚65123美元，而等额的股票可净赚205557美元。由此可见，为了回避波动性而不投资股票意味着只能获得低得多的收益。

主动股票投资可以创造财富

理解主动股票投资在创造长期财富中的重要性，是行为理财的另一个支柱。投资决策中过多的情绪会导致市场出现低效。当我们系统地分析这些低效信息时，可以为更好的投资选择和投资组合表现创造极好的机会。因此，我们认为主动股票投资组合是为客户创造财富并实现其财务目标的最有效贡献者。

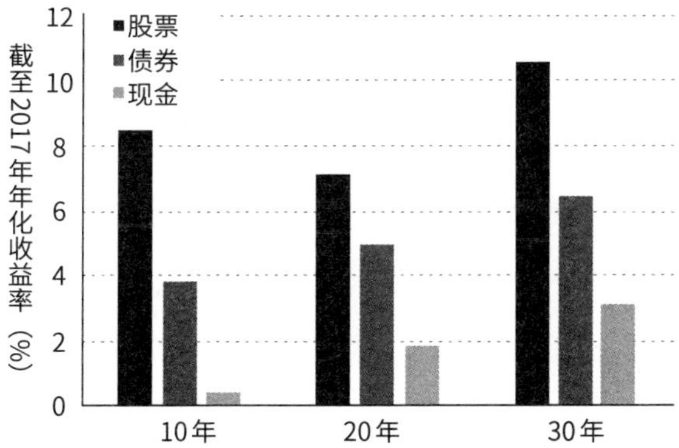

图2.3 截至2017年30年间各类资产的年化收益

截至2017年12月31日的年化收益率：股票（标准普尔500指数）；债券（10年期美国国债）；现金（3月期美国国债）。资料来源：纽约大学(pages.stern.nyu.edu/~adamodar/New_Home_Page/datafile/histretSP.html.)

理财规划是关键，投资是长期的努力

理财规划是为满足短期需求和长期需求而分配资金的最有效方法。合理的理财规划意味着基于客户的真实需求进行投资，从而提高长期业绩，并不是基于伪装成合理风险容忍度的过激情绪来构建组合。此外，理财规划通过确保短期和长期的理财需求都可以得到满足以增加客户的信心和舒适度。

当理财规划与长期投资相结合时，它几乎完全消除了情绪的影响，投资者晚上会睡得更好。如果客户了解短期波动的实质，明白投资是一项长期的努力，他们也不再容易受到媒体对日常事件大肆渲染的影响。理财规划可以帮助客户理解，短期波动是许多人在表达他们深切感受着的焦虑和偏见而产生的，它并不是什么行家在对投资机会进行复杂的判断。

大量的研究表明，虽然我们不能准确地预测每年的市场收益，但可以从长期的市场历史中总结出“55/65/75”法则，即股票市场在55%的天数、65%的月份和75%的年份中产生正收益。行为理财顾问的职责是帮助客户理解这一点，鼓励他们从长远考虑。

行为理财顾问的客户服务模式

行为理财顾问管理客户的整体理财规划包括一些第三方提供的服务。严格来说，本文提供的建议适用于理财顾问直接管理的服务，以及合并到理财规划中的服务，如风险管理、税务规划和遗产规划。

行为理财顾问的理想客户是这样的人：他们相信理财规划在所有方面都给予了恰当的考虑，并以一种综合的方式进行管理。如图2.4所示，对于任何出现的问题或事情，行为理财顾问都是客户的中心联系点。

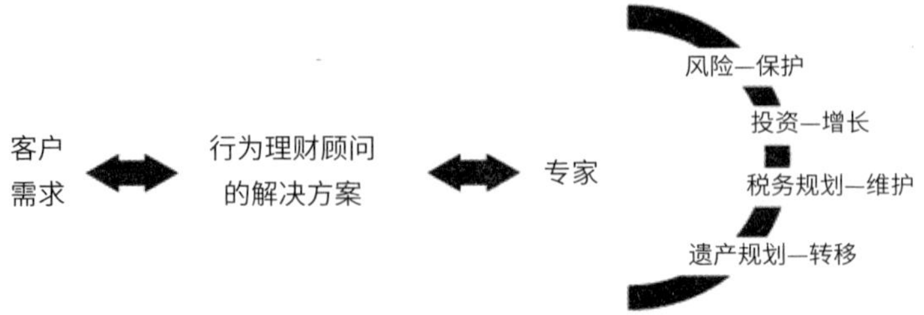

图2.4 关系模型——匹配需求和解决方案

行为理财顾问客户服务模型的每一步都需要识别偏差并进行缓解。我们将该模型分为两个不同的部分：前端流程和持续性服务流程。图2.5说明了整个过程，下面将更详细地描述每个步骤。

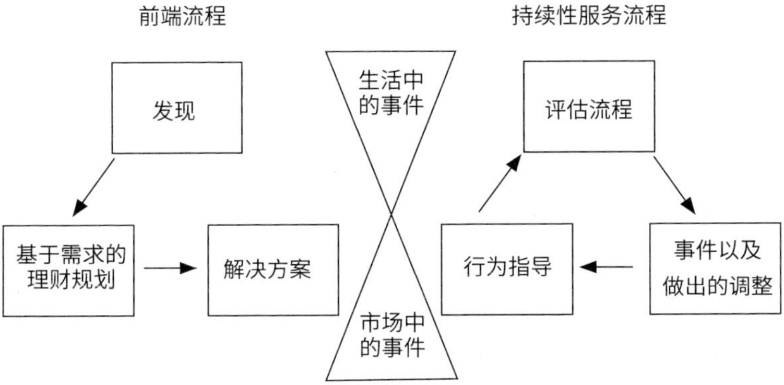

图2.5　服务流程模型

第一步：发现

发现的主要目标是收集创建理财规划所需的财务数据、情绪数据，并根据客户的行为概况确定与客户合作的最佳方法。这是行为理财顾问了解客户的目标、行为和对风险看法的机会。这需要我们深度思考客户的价值理念和投资动机，并了解客户以前投资决策的方式。

访谈之后，行为理财顾问需要对每个客户的行为数据有所理解并建立行为画像。根据画像，将客户划分为不同的类型，定制不同的沟通流程并为与客户的会谈制定更合适的规划。

例如，图2.6显示了晨星公司所划分的行为画像，它是按投资者的投资时间维度和对情绪的控制程度来划分的。[39]

行为理财顾问还应该评估公司的能力是否能匹配客户的需求和愿望。如果看起来客户很匹配，那么最终的发现步骤主要是为了获得完整的客户财务状况，这样理财顾问和客户就可以全面了解可用的资源和已经到位的资源。这些资源包括金融资产和负债、收入和支出、保险、遗嘱、信托以及其他重要关系，如配偶、受抚养人、受托人和受益人。

A 关注长期收益， 内控型	B 关注长期收益， 外控型
C 关注短期收益， 内控型	D 关注短期收益， 外控型

图2.6 行为画像的示例

第二步：基于需求的理财规划

一旦理财顾问—客户关系正式建立，彻底了解清楚了客户当前的财务状况，那就到了理财顾问进行理财规划的时候。

如果该规划是为了满足客户的需求而仔细设计，并区分客户的短期需求和长期需求，那么随着时间推移，该规划可帮助管理客户的行为。这种分离特性允许投资组合持有流动性较高的资产便于满足客户在三至五年内的紧急需求或收入。如此一来，我们则不必变卖投资组合中的股票部分。划出一部分专注于未来成长的资产，这对减少未来的担忧也很重要。该规划将被持续管理，以确保短期需求与长期增长的平衡。

基于需求的规划对于减少客户的焦虑以及构建客户的信心、自控力和舒适度有很大的帮助，因为这会持续让客户知晓正在满足他们的理财需求。行为理财顾问设计了一个理财规划来满足客户的主要需求，如表2.1所示。对于特殊需求，该规划包含一个与专家协调的严格流程。其中包括保护客户免受可能危及规划、各种生活中意外导致的潜在严重影响（风险管理），优化收入管理规划（税务筹划），以及根据客户的意愿定制财产剥离规划（遗产规划）。

表2.1 基于需求的规划

灾难性风险	对财产、工作和生命损失的财务保护
必要流动性	对本金的保护
固定收入	满足持续的义务
长期资本增长	投资于预期收益最高的投资组合

理财顾问在这一步的客户管理目标是确保客户对规划细节抱有信心。这种信心将有助于在困难的人生阶段和市场突发事件中维护遵循规划的原则。建立这种信心的最关键步骤是全方位确定下列五个不同财务领域的需要：

灾难性风险 生活中不可预测的灾难性意外往往伴随着巨大的金融风险，客户需要为此建立保护机制。尽管保险和投资是两个截然不同的专业领域，但如果没有一个针对影响严重的风险（如配偶死亡、长期残疾和债务风险）的周密应对规划，任何理财规划都是不完整的。

必要流动性 这类需求包括未来三至五年内超出正常家庭运营已被确定的支出。工作转换、购置新车、规划中的旅行度假都在这些费用之列。从行为的角度来看，可以通过理财规划完全覆盖客户的短期必要流动性需求，从而使客户对整体规划持有非常高的信心。

固定收入 对于仍在工作的客户，日常需求通常由家庭的工作收入来满足。而对于那些退休的人来说，他们的需求要根据社会保障和养老金的月收入与月支出的差额来计算。任何三至五年内正在进行中的收入分配都必须考虑在内。

长期资本增长 所有不与短期流动性或日常收入挂钩的资产，都可以用于能促使资产增长和长期财富积累的投资上。

遗产继承 对于那些已经成功满足了前四种需求的客户，重点要转移到财产管理以及如何在未来最好地利用一生积累的财富上。这些需求可以包括子女和孙辈的遗产继承，以及为一项宝贵的事业做出贡献等。

第三步：解决方案

现在在规划的过程中已经明确了客户所有的需求，理财顾问就可以开始寻找最优的解决方案来满足每个类别中的特定需求了。

灾难性风险的解决方案　许多灾难性事件的解决方案都以保险的形式出现。用保险而不是个人资产或投资来抵御这些巨大的金融风险至关重要。如果做不到这一点，可能会导致严重的资本错配。根据客户的具体情况，定期寿险、伤残险、长期护理险以及伞型保险可能是合理的。其他形式的保险，如住房险和车险等用于保护客户资产的保险，也可以作为有效的补充。

必要流动性的解决方案　必要流动性的解决方案的唯一目的是提供一个有保证的稳定金额。这通常由联邦保险的活期存款账户提供（金额低于25万美元），或是投资具有即时流动性和低波动性的现金等价物（金额高于25万美元）。对于更复杂的情况，特定负债可以通过投资美国国债或投资级债券来满足。在某些情况下，也可以利用信贷为意外或短期的流动需求提供资金，从而避免过早地卖掉资产和不必要的税务负担。这里的重点是，我们需要储存一些非常特定的、价值明确的资产，来满足固定的流动性需求。而只有那些无波动或价格波动极小的投资才能满足必要的流动性需求。

固定收入的解决方案　为了满足日常收入的需要，理想的解决方案是一个定期产生可靠收入的投资组合。关键是，随着时间的推移，投资组合本金的增长速度只有超过通胀率，才不会失去创造充足且不断增长的收入的能力。通常情况下，一个可持续的收益率分布范围（如4%）会在构建投资组合时标注出来，并用于设定合理的客户期望。随着投资者的寿命延长，其收入也需要持续更长的时间。

构建的投资组合所产生的收益率应能长期持续支持客户分配资金的需求。这样才能确保本金不受影响，以实现高于通胀率的增长目标。当利率徘徊在历史低位时，理财顾问想要获得必要的收益率，就不得不将目光投向传统的固定收益投资组合之外。目前，例如高分红股票、房地产投资信托、有限责任合伙公司等高收益投资都非常符合这种需求。

从行为角度来看，理财顾问所做的很重要的一件事就是帮助客户区分收入现金流和本金。根据对股息的相关研究，80%~90%的派息公司保持股息不变或每年增加股息，这可以转化为对股息收入现金流的高度信心。与此同时，股价波动造成的影响在较长的时期内将大幅缩小。将投资组合的收入与价格波动分开，有助于减轻客户对短期市场波动和长期资金损失风险的担忧。

只有能够可靠地产生所需收入的投资才应该被纳入这个投资组合之中。

长期资本增长的解决方案 这个领域的解决方案应该进行全方位的调整，以便在长期内实现资本的最大增值。最重要的因素应该是预期收益率，因为收益率和长期复利将主导所有其他考虑因素。因此，增长型的组合应投资股票。我们稍加研究就可以发现，高质量的主动投资管理可能会带来巨大的价值，随着时间的推移可以提供高达

4%~6%的超额回报。

根据我们以及其他人的研究，符合以下标准的主动投资管理型公募基金所提供的股票策略，在长期内有最大的机会跑赢大盘：

▲ 坚定不移地追求和执行一种明确定义的策略。

▲ 单一策略的管理规模不超过10亿美元。

▲ 没有紧密跟踪指数（低于0.80）。

构建一个由三到五名实施不同策略的、真正主动选股的基金经理操盘所组成的股票投资组合，通过允许不同策略在不同的市场环境下发挥作用，增强客户持续投资的能力。

预期收益率低的投资或将降低波动性置于资本升值之前的投资，在客户增长性的投资组合中不应该有立足之地。

遗产继承的解决方案　遗产继承领域的重点是要根据客户的意愿，聪明、理智地剥离客户的财富。因为在这个领域没有两个客户是完全相同的，定制化的解决方案将成为常态。

遗产规划和税务方面的专业技能可有效地用于创建信托、基金会和慈善机构，帮助客户在其一生的辛勤工作中产生一些个性化的、有意义的影响。

理财顾问应制定并维护客户的金融资产清单，包括持有这些资产的机构、账户号码、名称以及受益人等。这些资料可以提供一张完整的财务图谱，当意外发生时它将成为一份宝贵的资源。

第四步：持续性的支持

图2.7总结了行为理财顾问的整个流程。我们已经讨论了前两个圆圈里的活动；现在让我们来关注持续性的行为支持。这是行为理财顾问的一个重要特征。

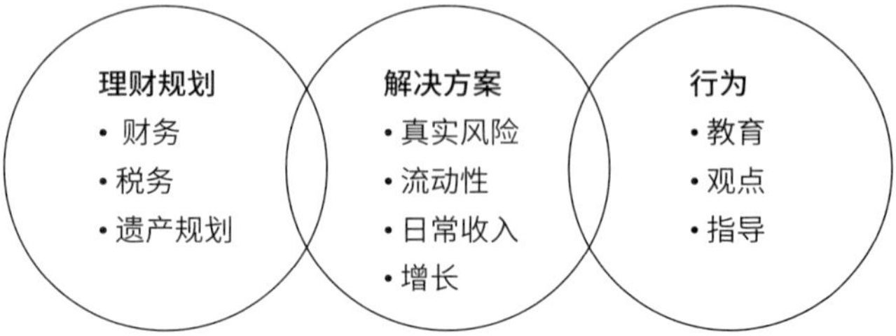

图2.7 行为财富管理

根据目标来衡量进展

持续管理客户的财务状况需要组织、纪律和沟通。沟通过程是管理客户行为的重要组成部分，特别是这部分要与客户的行为画像以及开始时设定的预期相一致。

虽然沟通的形式可能有所不同，但我们建议在每年都要召开几次会议，作为衡量进展的持续性“打卡”。

在持续的关系中，面对面会议是一种很好的接触点。做好充分的准备和组织有助于提高理财顾问的可信度。这也是回顾理财规划以及进展的机会，它强调维护理财规划和创建规划一样重要。作为问候客户的一部分，会议应留出一些时间进行自由讨论。但除此之外，会议应具备良好的日程安排，其中包括详细的议程和待审查的项目清单。

以下是一些特别建议，帮助指导与客户的沟通，并在报告理财规划的执行情况时，继续对客户的预期进行管理：

- ▲ 衡量实现既定客户目标的进度，而不是仅仅衡量投资业绩。是否满足流动性？是否能提供日常收入？是否实现资本增长?
- ▲ 审视自建立理财关系以来的结果，以显示理财顾问所做出的累积效果。
- ▲ 列出资金供给、款项提取和资本增值（从开始到未来），以说明客户的选择如何成为最终结果的重要驱动因素。

人生事件和调整

每次面对面会议的清单应包括对人生事件的回顾和更新，或客户的财务状况、理财目标的变化。理财顾问需要一个完善的流程，在预定的会议上更新并审查规划的每个主要领域，避免试图在一次会议上覆盖太多内容。会议也应允许其他领域的专家处理理财规划的其他部分。表2.2提供了一些常见的分组。

表2.2 事件/清单/明细

理财规划	风险评估	明细信息
流动性规划	寿险	账户
收入规划	责任险	名称
税务规划	伤残险	受益人

持续性的行为指导

教育客户和提供行为指导是一个持续性的过程。在客户服务模型的设计中，大部分内容可用于管理客户行为，但是对客户来说这很可能并不明显。在设计中，有机会指出以行为为中心的具体活动，向客户强调管理行为偏误对于最终实现理财目标的重要性。例如，基于需求的理财规划是一个绝佳的机会，可以强调这样设计理财规划是为了帮助客户忽略市场波动，因为往往这些波动经常会触发情绪化卖出行为。

由于行为理财顾问与一般类型的指导不同，我们还建议提供及时的沟通，来帮助客户识别需要避免的常见情绪化操作。越来越多的资源可以用来帮助理财顾问和其客户更深入地了解行为是如何塑造投资风格的。其中一个例子就是“共鸣者”（Syntoniq），这是一款软件，可以让理财顾问更好地衡量客户行为背后的情绪。

最后，图2.8是行为理财顾问试图创建的行为客户体验的图形化展示。

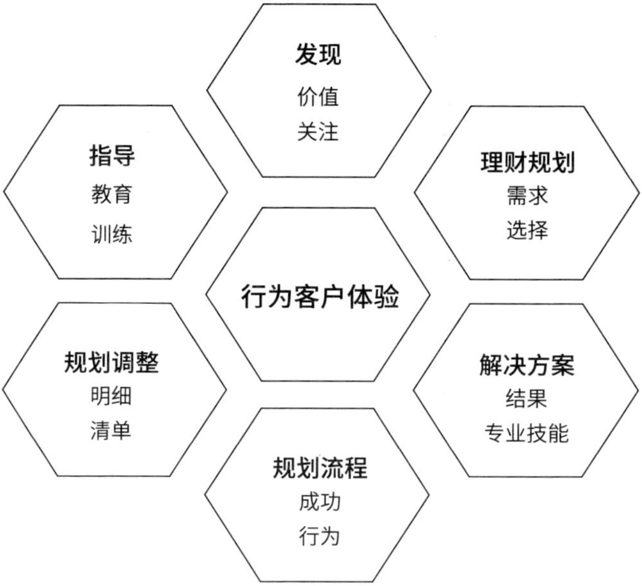

图2.8 行为理财顾问客户的体验

本章回顾及下章展望

行为理财咨询是拥有具体行为要素和可交付成果的持续性过程。基于需求的综合理财规划是行为理财顾问服务模型的基础，因为它建立了控制力、信心和满意度，帮助客户管理情绪。不把波动率错误地定义为风险，而是使用其他的度量方式，对于转型成行为理财咨询至关重要。

行为教育和指导贯穿整个行为理财顾问服务模型。这种指导将帮助客户了解行为理财顾问如何帮助他们避免做出具有破坏性的行为，并遵循他们的长期规划。其结果必然是收获更高的客户满意度、更稳定的客户留存率以及更多的客户推荐。

行为理财顾问和支持他们工作的各领域专家都是一个团队的成员，他们将一起帮助客户建立对其财务状况的信心，并收获长期财富。虽然他们似乎在不同的领域进行操作，但他们在很大程度上相互依赖。行为理财顾问提供全面的理财规划和行为指导，让客户有信心投资于真正的主动管理型基金。

在接下来的章节中，我们将讨论如何将行为概念应用于投资管理的各个方面。

第三章　如何管理好股票投资流程

不堪重负

杨婉婷被太多的信息轰炸。在研究生课程中，她已经成功地掌握了收集和整理信息的流程，但作为公募基金买方研究员的新手，她获取信息的渠道又扩大了许多倍。

她每天都会收到许多来自卖方研究员和其他分析师的报告，他们发来了关于宏观经济、股票、债券、新的投资组合管理技术、技术分析等方面的研究报告。她怎么可能有时间了解所有信息呢？不仅如此，她甚至无法辨别哪些是真正有用的信息。看上去似乎所有的信息都来源可靠，但作为一名研究员，哪些信息对她来说是重要的呢？

除了以上这些，还有更加复杂的问题需要努力弄明白，婉婷想知道，她在研究生课程中学到的关于经济和资本市场的假设在现实中应当如何应用。她所认识的每个人的行为都是被他们的心理因素或者情绪所驱动的，而不是纯粹的理性。更糟糕的是，婉婷意识到，如果她想在投资研究工作中表现得尽可能好，就必须找到一种方法来管理自己的行为偏误。

最大的疑惑

这些问题一直困扰着婉婷。为了从纷繁复杂的各种新闻噪声中提取对投资有用的信号，她应该如何对信息进行分类呢？她应该如何提高自己的投资绩效评估质量，以确保她的投资流程是合理的？在这个过程中，她如何保持自己的技能与时俱进，并确定哪些技能不再是必需的？最后，她应该如何克服自己的行为偏误，在最大限度地减少错误和风险的同时，获得最大的成功和回报？婉婷相信，这些问题的合理答案都离不开对自己行为的掌控。

婉婷有一个强烈的愿望，就是成为公司最优秀的研究员之一，并认真对待自己作为帮助客户实现梦想之人的信托责任。她还希望自己能表现出色，这样有一天她就能升职，实现自己的梦想，成为现在所在公司或其他公司的基金经理。

婉婷感到有些害怕，因为她首先要花大量的时间和精力向自己证明自己的技能，其次是向公司，最后也是最重要的，向基金的投资者们证明她的技能。带着这样的想法，婉婷开始着手创建自己独特的股票投资流程。

减少行为偏误

大多数研究员和投资决策者都有着与婉婷类似的问题和担忧。大家有一个心照不宣的认识，即在自己的投资过程中，最大限度地减少行为偏误是改善投资结果的最可靠的方法之一。当然，这需要我们培养新的习惯和行为。诚然，这可能很难。改变我们的行为确实并不容易，但是这意味着如果我们成功了，我们就比竞争对手更有优势，而竞争对手只能受困于自己的行为偏误。

有三个有用的技能可以帮助我们减少投资过程中的行为偏误：

（1）过滤信息的能力。

（2）我们对信息的看法和结论。

（3）我们对自己思想的关注和认知。

这三个方面是本章后续部分的主题。

如何阅读新闻

本书的一个中心主题是，人人都有行为偏误。如果你接受这一点，那就要意识到记者和其他信息的提供者也一定有偏误。大多数投资决策都基于信息，其中很多信息来自第三方，比如新闻。因此，对每个投资专业人士来说，关键点在于如何辨别和处理他们所消化的信息中固有的行为偏误。

一个可能有用的类比方式是把信息和我们对信息的理解看作马赛克。在这里，每一条新信息都相当于整个马赛克中的一块瓷砖。当我们铺下越来越多的瓷砖时，我们的大脑开始在马赛克的不同部分之间建立联系。就这样，图片开始从信息中浮现出来。不仅如此，我们还可以看到，在一个整体的画卷中，个别图片本身与其他图片是如何联系在一起的。

杰森解决了如何消除信息偏见的问题。他每天阅读60多个新闻来源，有时甚至超过80个，这取决于他有多少时间。这听起来有点吓人，但他不像大多数人那样看新闻。杰森阅读新闻有个前提：他阅读新闻是为了消除自己的无知。这意味着他不会阅读60~80个以上新闻来源中的每一篇文章。相反，他只看标题和副标题。只有当杰森遇到了一个与他的知识马赛克无关的标题时，他才会阅读整个故事。他这样做，部分原因是他知道事实真相总是比单张报纸或单个记者所报道的要复杂得多。换句话说，每个故事都有很多面。通过一天阅读60~80个新闻来源，他可以鸟瞰整个故事。这是杰森为了解决其职业生涯早期所遇到的问题而培养的一项技巧：一个人不可能从所有的信息渠道来了解所有的信息。

第一，如果一个故事在全球范围内特别重要，那么它必然占据许多不同新闻来源的标题。这种无处不在的报道是一个强有力的信号，表明公众可能认为这个故事是重要的，因为编辑和出版商大范围报道了这个故事。

第二，这种方法也有助于读者控制编辑和记者固有的偏见。如果一个故事是全球相关的，那么通过阅读多个新闻媒体的报道，杰森更容易看到每份报纸及其记者的不同角度。通过这种方式，读者可以获得可能被其他媒体所遗漏的重要的内容和特定的细节。考虑同一故事的许多不同描述，也意味着在读者脑海里可能会出现更完整的新闻画面。

第三，杰森会故意阅读那些他认为有固定视角的媒体和报纸。然后，他通过寻找另一种与之相反的，或截然不同的来源来补充阅读。例如，在英国就欧盟成员国身份举行公投的次日，全球各大商业报纸都对其进行报道。英国《金融时报》对此事的报道与《中国日报》的报道就大相径庭。

第四，当时间允许时，杰森会试图阅读原始资料和数据。如果在一篇文章中引用了他感兴趣的数据，杰森就会试图追踪来源，看看报道者是否客观且公正地描述了所引用的研究和数据。令人惊讶的是，事实往往并非如此！

这种阅读新闻的技巧有助于过滤个别记者的偏见，更好地确保投资分析中使用的信息不那么带有偏见。

如何提高投资业绩评估的客观性

主动投资管理成功的绝对关键因素是跟踪并克服你自己的行为偏误。另一个关键技能是采用一些方法来确保你良好的投资业绩，而不仅仅只靠运气。这里有几个技巧可以帮助你克服这些障碍，走向成功。

观点日记

在杰森早期的投资生涯中，他很焦虑，因为他需要知道一件至关重要的事情：他是否擅长自己所从事的工作？投资专业人士需要不断消化和解读新闻，以确保他们了解诸如GDP、企业盈利、现金流贴现分析、技术趋势、人口变化等信息。如何衡量投资专业人士在这项活动上是否成功？实际上在绝大多数情况下，这项活动并没有被衡量。

有一天，杰森恍然大悟，他作为研究员所服务的基金的投资回报率并没有反映出他的所有决策。其实，该投资组合的回报只反映了他推荐的并由他老板最终选择购买的证券的结果。换句话说，投资组合的回报直接反映出的仅仅只是极少数他给出“买入”推荐的股票的表现。

那么，那些因为不符合投资主题而被错过分析和错过推荐购买的公司，或者那些在对其未来盈利进行建模后没有通过审核的公司呢？对于那些你与之交谈过的所有上市公司的管理团队，如果同他们的访谈并没有打消你的疑虑，更没有让你相信他们值得你的基金持有人付出自己辛苦挣得的资本，你会怎么想？你的失败、侥幸脱险和加权误差又如何处理呢？还有那些使你的决策扭曲的情绪呢？还有……作为投资者，我们要做出成千上万个关于我们对现实理解的决策，而投资组合回报只跟踪这些决策中的一小部分。投资回报对我们分析自己的投资决策是有帮助的，但它们显然只是投资者全部决策中很小一部分的反馈。

杰森意识到，为了实现成为一名优秀投资者的愿望，他需要保留一份观点日记，在其中记录下自己更高比例的投资观点的内容和时间。然后，杰森可以偶尔检查一下，看看他对问题的理解在多大程度上符合现实。事实证明，这是最强大的投资秘诀之一，因为它提供了一个持续的、客观的大脑内部工作记录——只要你重温观点日记，检查自己思维的质量并对其进行分析。

警告！你需要勇敢地直视自己的失败，你也必须有勇气和精力来回答你在回顾自己的观点日记时提出的问题。正如行为金融学告诉我们的那样，承认我们的失败非常困难，即便我们承认了自己的失败，我们还需要勇气和创造力来更正自己在投资研究过程中或投资判断中的错误。最后，你必须鼓起勇气去改变。这样做的乐趣很少，但它几乎总是改善的源泉，并最终成为投资成功的源泉。

在这里介绍一种设置观点日记的方法：把你的重要想法和决策写在观点日记里。它可以是电子文档，也可以是书面文档。

观点日记的内容需要包括你投资决策的对象、内容、地点、时间、原因和方式。特别要注意你做决策时的情绪状态。

至少每季度回顾一次你的观点日记，并且当你的投资决策发生重大变化时，比如在买入、卖出投资标的时，或者当一项投资需要做出重大决策时（例如，当公司发生兼并或收购、CEO变更、业绩公告等），也需要进行记录和回顾观点日记。哪些投资决策有资格列入观点日记呢？我们认为是任何在你脑海中占据了很长一段时间的决策，以至于你发现自己在持续不断地思考它，或者重复思考它。

例如，在杰森的职业生涯中，当委内瑞拉前领导人乌戈·查韦斯（Hugo Chavez）将外国油井工程师驱逐出境时，他的观点日记中就有一项记录。杰森认为，这件事情只会在遥远的未来影响委内瑞拉，所以在可预见的未来，他没有办法以任何有意义的方式来投资这个想法。他在2002年前后写道："查韦斯驱逐了那些外国石油工程师。他们的井里充满了含硫的污泥，这将会毁掉这个国家唯一的财富来源，也意味着混乱最终会来临。"[40]

同样，你对未来几个月市场走向的判断也是写观点日记的有效素材。关键是要注意一个想法占用了你多少思考空间，尤其要记录下你那些执着的想法。

总之，由于观点日记真实地记录了你的想法，所以它提供了一种方法来客观地评估你思考的质量，并透明地审视你可能犯下的任何行为偏误。例如：

▲ 损失厌恶（Loss Aversion）—— 查看你的观点日记可以让你看到任何过度的悲观情绪。悲观主义是你的偏误吗？

▲ 过度自信（Overconfidence）——"我几个月前就知道股票市场会如何演绎了。"实际上，检查一下你的观点日记，你就会发现你的真实观点同市场的表现截然不同。

▲ 确认性偏误（Confirmation Bias）——"是的，本季度我们投资组合中的公司的销售增速再次落后于其所在行业的领先者。但我在组合中对公司的股票增加了配置，因为我认为它

的股价很便宜。”

▲ 羊群效应（Herding）—— 无论是在牛市还是熊市，在你的观点日记里，是否包含一种对市场动荡表现持续兴奋的语调？

▲ 锚定效应（Anchoring）—— 你是否紧盯某个特定的问题？或者，你是否倾向于紧盯某一类狭隘的问题？

▲ 可得性偏误（Availability）—— 引发你思考和投资决策的信息会有不同的来源，你会根据来源的不同做不同的投资思考和决策评估吗？还是，你仅仅是对别人搜集的而且是你容易获得的信息做出反应？

▲ 代表性偏误（Representativeness）—— 你的观点日记是否带有刻板印象，是否由一些约定俗成的投资经验所组成，比如，“股票在忧虑中不断攀升”（Stocks climb a wall of worry），“5月卖出，然后走开”（Sell in May, and go away），“在华尔街，牛能赚钱，熊也能赚钱，但猪被宰了”（Bulls and bears make money on Wall Street, but hogs get slaughtered），等等？如果你的观点日记里包含了这些老套的评论，那么你很有可能思考得不够深入。

▲ 心理账户（Mental Accounting）—— 你的思维是否被不必要地分隔开了？

投资原则

在投资前就知道企业管理层面临的问题，难道不好吗？充分理解一家企业，从而当你看到新闻的一刹那就能切实地明了该新闻对企业会产生什么样的影响，这难道不好吗？明确出售你感兴趣公司股票的标准及正当理由，这难道不好吗？做出投资决策时，避免受到情绪干扰，这难道不好吗？这些都是投资者最难理解的事情，但有一个工具可以帮助他们解决这些难题——投资原则。

投资原则是你撰写的一份合同文件，概括了你和你的投资之间的关系。与所有的合同一样，投资原则以客观的、法律条文的形式提供了评估这一关系的依据。由于你是这份文件的唯一见证人，你必须以朝圣的态度对待它。这意味着，一旦有一项投资违背了你所创建的投资原则，你就必须按照原则将其卖出，而不是为继续持有该投资找一个看似理性的原因。这是一项帮助你克服各种行为偏误（如前文所述）的核心技术，尤其包括：

▲ 确认性偏误。

▲ 锚定偏误。

▲ 可得性偏误。

▲ 代表性偏误。

以下是你的投资原则中必须包括的关键要素：

▲ 投资对象的名称。

▲ 当前日期。

▲ 投资期限或你期望投资对象能在多长时间内为你的投资组合贡献期望回报。

▲ 企业的优势

a. 持续保持优势的时间。任何优势的思考都包括你对企业持续保持该优势时间的预估。例如，如果你认为某企业拥有一个主导市场的产品，写下你认为该产品可以持续主导市场多少年。

b. 关于优势的逆向思考。想象一下该优势被竞争者超越的可能途径，或者纯粹由于随机因素，丧失该优势的可能。

▲ 企业的劣势

a. 劣势持续存在的时间。任何劣势的思考都包括你预估企业持续处于劣势的时间。

b. 关于劣势的逆向思考。想象一下该劣势被管理层克服的可能途径，或者纯粹由于随机因素，该劣势消失殆尽的可能。

▲ 对现有经营模式的担忧。

▲ 对现有经营模式的无知——在现有经营模式中你希望更加深入了解的地方。

▲ 为什么你想买入——不要列举数据，而是写下你做出决定背后的情绪因素。

▲ 绝对触发卖出的机制——那些将导致你立刻卖出该公司股票的事件。

- ▲ 可能触发卖出的机制——那些可能导致你立刻卖出该公司股票的事件。

一旦你决定投资一家感兴趣的公司，在你的投资原则中记录下以下事项：

- ▲ 你为该投资支付的价格。
- ▲ 购买的时间。

现在，当前的你与未来的你之间签署了一份合同。由于许多行为偏误都是由记忆缺失或是选择性记忆（即行为结果的理性化）所导致的，记录下你购买某一投资标的的理由，将在未来为你提供一个客观的判断依据。

投资原则是动态变化的文档，必须实时更新来反映那些会影响你这份合同的最新关键信息。至关重要的是，动态更新并不意味着你有权力去彻底改变投资原则，以此来为你自己与投资之间的任何情绪连接找出正当理由。

吸取教训

当我们的某项投资亏钱后，像鸵鸟一样将头埋进沙子的做法固然很诱人，但这些失败的投资经历是不可多得的经验，它们能让我们变得越来越好。面对亏损，更有用的态度是，承认犯错是主动投资管理的一部分，你的目标是永远不犯相同的错误。

实现上述目标的工具是建立一份失败教训的清单。这是对投资损失原因的事后调查。什么关键因素是你没有理解的？在做出投资决策时犯下了什么错误？什么偏见蒙蔽了你对公司的评估？

我们用一个案例对此加以说明。杰森在其职业生涯早期，曾经投资了超级公园（Premier Parks，当时的股票代码为PKS）。超级公园是六旗游乐公园的股东。[①]多年来，杰森这项投资的回报都在横盘，既没有向上突破，也没有大幅亏损。当然，其间有些时候超级公园的股价表现良好，但随后又会有一段时间表现不佳。尽管超级公园是一家管理良好的公司，但其股价长期横盘的原因在于超级公园的经营时间非常有限。旗下多数游乐公园仅在5月末到9月末营业，且其赚取的收入主要集中在6月到8月。更糟糕的是，公司的业务还极易受恶劣天气的影响。如果恶劣天气席卷美国东北部地区，那么超级公园的游客流量将受到负面影响。以下是从杰森的失败教训清单中摘录的部分内容：

> 季节性企业的股价上涨的投资机会窗口在于其经营季的长短。我们在经营季过后，它们的股票就是一潭死水。或许更重要的是，我们必须意识到如果投资机会窗口缩短，将放大坏消息对季节性企业的影响。打个比方，虽然撞击小池塘（受季节

① 该公司旗下的主题公园以水上娱乐项目为主，故游客高峰期集中在夏季，且易受天气影响。——译者注

影响的业务）的石头大小与撞击大河（不受季节影响的业务）的石头大小相同，但由于被撞击的池塘要小得多，因此产生的涟漪更大。典型案例：每当超级公园有坏消息时，带来的影响总是与其相关性不成比例。

保持好奇心

理解信息是投资者成功的关键。这意味着，在同等条件下，相比其他人，对信息理解最透彻的专业投资者所获取的收益会是最高的。同样，了解信息最多的专业投资者也比不了解信息的人能获取更多的收益。既然如此，是什么驱使人们不断地去寻求新的体验、新的视角和新的做事方式，并不断地超越个人的极限去理解更多的信息呢？答案是好奇心。好奇心是驱使我们不断探索个人边界的动力，也为我们变得更加博学、更加完美提供燃料。

保持好奇心同样意味着渴望学习与改变。新闻流作为投资业务的原始数据不断在发生变化，要求我们必须持续学习新的事物。诚然，有些时候新闻流会泛滥，但对于具有好奇心的投资经理来说，不断接触这个变化的世界会让他们感到充实。作为回报，好奇心也会让他们的投资事业保持长寿。

此外，充满好奇心的投资经理不会轻易感到满足。相反，他们总是寻求更多的信息、新的认知与新的技巧。他们的好奇心同样会驱使他们产生更多的问题，并寻求这些问题的答案，而不是止步于传统智慧给出的答案。

让你的无知来指引你

好奇心是一种意愿的体现，即探索你个人认知边界的另一面是什么的意愿。好奇心会自然地驱使我们去了解个人边界。问问你自己，你是否已离开了自己过往认知的舒适区，去寻求新的视角与新的观点？如果不是，当你对一个主题感到一无所知时，你要开始留意，让这种无知感作为推动你研究兴趣的诱因。换言之，阻碍好奇心的是对无知感的畏惧。而对抗无知感的妙方非常简单，就是获取更多的信息。

个人知识储备

另一种方法是构建个人知识储备库。首先，写下你最熟知的事物或技巧。其次，列举你有所了解但并非精通的事物。接下来，记录那些你仅有少量知识储备的事物。从你的知识储备库中选取你仅有少量知识储备或通过获取额外知识可以让你成为专家的领域。个人知识储备库展示了你的知识图谱，并促使你不断扩张知识边界。

奖励你的好奇心

如果你坚信自己与生俱来的好奇心，但近期你却似乎对周边的事物丧失了兴趣，那么你需要尊重自己与生俱来的品质。如果感兴趣的话题未经探索，那么不妨跟随好奇心带来的兴趣火种，即使这看起来与投资无关。比如，你可能对腓特烈大帝抱有好奇心，但这似乎与投资没有太大的关系，因此你从未读过他的传记。然而，事实可能证明，腓特烈大帝对世界的理解有助于你理解投资中的一些东西。有可能是腓特烈大帝解决问题的方式，也有可能是他有助于你更好地了解法国和德国的地缘政治，进而帮助你更好地了解欧盟。

保持思考聚焦，提升思维意识

在很大程度上，行为金融学是一种缺乏处方的诊断。更糟糕的是，许多行为金融学理论家在谈及行为偏误时，都认为行为偏误是根深蒂固且难以改变的。而事实上，人类学习和改变神经可塑性的能力是十分突出的。行为偏误难以克服的原因并不在于我们生理上的种种因素导致我们注定要在决策时犯错，而是在于：

- ▲ 我们极少花时间训练我们的大脑来反思我们的决策。
- ▲ 习惯是难以改变的。

基于对主要行为偏误的理解，我们可以断定，这些偏误并非源于我们生理上的原因，而是源于我们缺乏神经层面的训练。换一种说法，我们对自己的大脑是如何运作的缺少清醒的意识。我们可以把提高自己的意识看作大脑的一次硬件升级、一种不同的主动管理型基金的运作方式、一种积极心理状态的回归。此硬件升级后，我们的软件——知识、技能与能力也都将会更好地运作。好消息是，提升我们自身的意识是冥想练习的标志性优势。这里有两项关键技能需要我们获取并练习：

（1）元认知——对认知自身的认知。

（2）自上而下的控制力——这是控制自己想什么以及什么时候想的能力。

当投资者同时具备了元认知和自上而下的控制力后，克服行为偏误就变得更容易了。已有学术研究证实这一点在各种情形下都是成立的。[41][42]有研究直接将那些刚刚学会冥想的人（经过8周的教育培训）和那些不了解冥想的人聚在一起参与识别行为偏误的经典博弈游戏（例如最后通牒游戏）。研究结果表明，根据环境的不同，冥想者能降低50%到100%的认知偏误行为。虽然冥想者仍然存在认知偏误，但偏误带来的影响大幅度降低了。此外，还有研究表明，冥想可以帮助克服诸如年龄歧视和种族主义等偏见。[43]

为你提供一本完整的冥想训练手册已经超出了本书的范围，但是为你勾勒出两种主要的冥想形式并不难。通过这两种形式，你可以直接训练你的元认知和自上而下的控制力。

采用开放式监控来训练元认知

我们很确定已经听过很多关于正念①及正念冥想②的内容。一个

① 正念指的是专注于当下、不分心，心无旁骛，不陷入沉思，让心智停留在自然的觉察状态，不带后向偏见或判断。——编者注

② 冥想指的是一种改变意识的方法，通过获得深度的宁静状态而增强自我认知力和良好的状态。——编者注

常见的误解是将正念与冥想混为一谈，但实际情况并非如此。形式上，正念是心理学家和神经学家的常用术语，也被称为“开放式监控冥想”。这种冥想形式有科学研究证明可以提升你的元认知。由于元认知指的是对于认知的认知，它使得冥想者能更好地实时追踪他们思考的内容。毫无疑问，这有助于克服行为偏误，而行为偏误的产生是你没有能力监控你思考的方式所导致的。

一个简单的正念冥想包括以下步骤：

（1）让自己远离不必要的干扰，如电子邮件或智能移动设备等。提示：可以通知你的同事你将尝试进行冥想的练习。或者，等你有私人时间时再去尝试。

（2）找一把你最喜欢的椅子或沙发坐下。总之，要让自己感觉舒适。

（3）刻意地开始深呼吸，尝试让自己放松。反复尝试，直到你真正开始放松。

（4）渐渐停止控制你的呼吸，逐渐转入正常、放松的呼吸状态。

（5）现在将你的注意力转移到你心理活动的内容上。大多数人都会有各种各样的念头、不完整的想法、感官信息、判断等，在自己的脑海中快速地流动。

（6）不要跟随和延续任何这些心理活动和想法，你只要注意它的发生和内容；不要以任何方式对其内容做出判断；然后让想法从意识中消失，就像它会自行消失一样。

（7）接下来，将你的注意力拉回到对想法内容的关注上。再次强调，当心理活动和想法发生时，注意其内容但不要对内容做判断，然后让它们像溪流上的羽毛一样流走。

（8）当你专注于你的想法时，很可能你的精神也会跟着游离。这是很自然的现象，不要责怪自己。一旦你注意到你的精神开始游离时，把你的注意力拉回到对你想法的开放式监控上。

刚开始，上述开放式监控冥想你可能只能坚持很短的时间，比如3~5分钟。但不妨试试看你能否每天冥想10~15分钟，每周冥想5天。如果做到了，你的元认知能力将开始得到发展。

保持专注，训练自上而下的控制力

控制想什么以及什么时候去想的能力有助于克服行为偏误。因为这能让你选择将你的注意力聚焦在你的思想内容上（这项技巧是通过开放式监控冥想培养出来的）。综上所述，开放式监控冥想的最大困难在于精神容易出现游离。不过，只要精神注意力的功能得到强化，集中注意力式冥想将有助于克服这一困难。相比之下，如果没有开放式监控的练习，集中注意力式冥想有可能会导致过多的注意力聚焦在单件事情上，而忽略了对其他事情的注意。

以下是进行集中注意力式冥想的相关步骤（其中，前四个步骤与上述开放式冥想的步骤完全相同）：

（1）让自己远离不必要的干扰，如电子邮件或智能移动设备等。

（提示：可以通知你的同事你将尝试进行冥想的练习。或者，等你有私人时间时再去尝试。）

（2）找一把你最喜欢的椅子或沙发坐下。总之，要让自己感觉舒适。

（3）刻意地开始深呼吸，尝试让自己放松。反复尝试，直到你真正开始放松。

（4）渐渐停止控制你的呼吸，逐渐转入正常、放松的呼吸状态。

（5）现在，当你的精神不可避免地开始游离时，首先要注意到你的精神已经游离了。随后，将你的注意力慢慢地转回，与你简单的呼吸节奏同步。吸气，然后呼气。

（6）每次只要你的精神开始游离，就慢慢地将你的注意力拉回到自然吸气与呼气的节奏上。

刚开始练习时，集中注意力式冥想也只能坚持很短的时间，比如3~5分钟。但也不妨试试你能否每天冥想10~15分钟，每周冥想5天。这样做能够开始培养你自上而下的控制力。如果你想通过一个强大的冥想过程来自然克服行为偏误，你需要同时练习集中注意力式冥想和开放式监控冥想。每天花上30分钟进行冥想听起来似乎是在浪费时间，但它对提升你的精神功能有明显的好处，它所带来的收益足以弥补它所产生的成本。

冥想的其他好处（超出本书范围）有：减压；提升你的整体健康状况；提升你的心智功能，包括加强记忆力与增强创造力；提升你的道德水准。

接下来，我们将提供一份指南。这份指南将介绍行为金融里所涉及的主要偏误以及如何运用冥想来帮助你克服这些偏误。

如何借助冥想来克服行为偏误

损失厌恶偏误

根据损失厌恶偏误的定义，我们因损失而感受到的痛苦大约是因获得收益所带来的快乐的两倍。换言之，对于多数人而言，他们默认的买卖触发点是为了尽量避免受到个人伤害或损失。主动投资管理很多时候是一项非常容易诱发焦虑的活动，它常常伴随着金融市场的动荡、未预期到的地缘政治事件发生、投资中的各种意外等。换句话说，对许多人而言投资仅仅只是按下损失厌恶的按钮。

值得庆幸的是，许多研究证明冥想可以减轻压力并提升认知。这意味着，在充满压力的时刻，我们的深思熟虑不会被损失厌恶带来的情绪所主导，经过冥想的投资者反而可以利用这种时刻，在其他人卖出的时候冷静地买入。

过度自信偏误

如果你是一名主动管理型基金经理，无论你的工作年限有多长，你肯定已经注意到，当你所投资的证券价格上涨时会让人感到欢欣鼓舞，不是吗？这一切都是非常好的，只要这不会导致你过度自信。

这种行为偏误可能会导致你过度承担风险或忽视深入分析。此时，冥想者的非批判性自我认识会促使投资专家们注意到他们这种“天下无敌”的错觉，并实时监控他们的情绪。

确认性偏误

锤子综合征[①]，别名“确认性偏误”，指的是寻找并关注那些可以证实我们已持有观点的信息。确认性偏误的另一个表达是“合理化”。例如，即便一家企业的表现低于我们的预期，我们也能找到一些理由让我们坚持自己的观点是神圣不可侵犯的，比如“摩根士丹利维持了该公司的买入评级”等。但在核心问题上，这是无法将个人偏好、偏见与事实进行区分的一种体现，是对现实的否定。我们再次强调，冥想可以让人们实时检查自己的心理活动和想法。如果你能将这种意识与你学习新方法以应对世界的意愿结合起来，那就可以克服确认性偏误。

羊群效应偏误

希望我们已经让你相信，金融市场的大多数波动都是由情绪所导致的。尤其在波动剧烈的时期更是如此。此时，相比通常情形，更多的投资者会以相同的方式行事，最典型的就是投资者对负面消

① 锤子综合征，心理学上的术语，形容在拿着锤子的人眼中任何事物都像一个钉子。——译者注

息的反应。由于冥想可以促使主动投资管理型基金经理通过集中的元认知，客观地审视他们的心理活动和想法，因此，在这个时刻，主动投资管理型基金经理有可能对“羊群”的反应进行智慧的评估。有可能“羊群”的反应是完全合乎逻辑的，如果真实情况确实如此，那么面临负面消息进行抛售就是合适的。然而，更常见的情形是，面对新闻，“羊群”是情绪化且非理性的。通过获取监控我们自身产生心理活动来源的能力，我们可以评估我们的行动是否是情绪所导致的过激反应，还是深思熟虑后的有意为之。因此，冥想是消除羊群效应偏误最有效的方法。

锚定偏误

锚定偏误是指我们倾向于给予首先呈现给我们的数据过高的重视。举个例子，如果在投资委员会会议中，我们最初对一家企业的估值设定为55英镑每股，那么最终商定后的估值很可能会以最初的估计值为基础而变动。另一个例子就是，在评估过程中，我们可能会以来自卖方研究公司给出的公允价值估值或目标价作为第一个参考值。冥想可以让我们注意到，当我们在进行研究时是否在心理上被最先得到的相关信息带偏了。在此刻，我们可以停止心理上的波动，放慢速度，并切实地思考若要独立于“锚”进行评估，所需的事实信息有哪些。最后一个典型的锚定例子是，除非公司股价再次涨到成本价以上，否则绝不卖出。这种现象通常也被称为“沉没成本”。已经为该股支付的成本并不是最重要的。相反，重要的是，该股现在的价格值多少。而现在的股价是由发行股票公司未来的前景所决定的。

可得性偏误

这种扭曲的思维与锚定偏误非常类似，指的是我们依赖一个偏好的信息源，或是一个共同的信息源来进行评估。例如，如果我们偏好的商业新闻信息源是《金融时报》，我们可能依赖他们对东南亚某个公司或事件的报道，而不去关注在当地有派驻记者的报社的报道。要想克服可得性的诱惑，就需要我们不要以我们默认的方式对事件做出反应，而是走出常规，去揭示故事背后的真相。再一次，冥想可以帮助我们在刺激和反应之间放置一个非常必要的认知停顿键。

代表性偏误

代表性偏误实质上指的是根据过去的模式来评估新的情况。因此，当我们在券商会议中听到一个垃圾处理公司的推介时，我们往往会忽略了具体的细节，并将会议内容与以往我们在垃圾行业的经验联系起来。如果我们曾经在垃圾处理公司上赔过钱，那么极有可能我们无法公平地看待当前的垃圾处理公司。对我们大多数人来说，在我们启动心理模型的那一刻，我们会在记忆中确认："我知道什么故事和这个相似呢？"随后，下一刻就是产生认知并与我们的记忆相连接。冥想者可以通过协调同步从而意识到认知的感觉。于是，当评估一个新的公司时，在成为代表性偏误的牺牲品前，冥想者可以在感觉到心理模型要被激活时去中断这个过程，并提示自己："垃圾公司B真的不同于垃圾公司A。"

心理账户偏误

传统意义上，心理账户偏误指的是将钱划分到不同的账户类别，并对不同账户类别的钱应用不同的决策规则。我们可能不会卖出一个估值被充分反映的股票，因为它被我们错误地归为由我们创建并称为"成长类资本"的投资组合类别。对于这部分的投资组合，我们的决策原则是"成长类股票有的时候会被高估"。相应地，如果要筹集现金，我们可能会卖出前景较好的股票，因为我们相信这是投资组合中属于"价值类资本"的一部分。

心理账户这类行为偏误是在做出决定之前，无法脱离当前环境而同时考虑多种可能性的体现。再一次，冥想强调无偏差的、当下的意识状态。随着冥想者逐渐进入状态，他们可以聆听到自己的想法，并避免不必要地限制他们的理解范围，同时保持一个更加全面的世界观。

总之，一个精于此道的投资者可以通过冥想练习，以更强大的认知和非审判性的视角决定他们的情境、心理模式和行动。这些能力的任意一种都为克服由行为金融学所识别的行为偏误提供了工具。事实上，3000多年来，冥想一直帮助人们更加清晰地思考并提高认知。冥想的历史比仅有40年历史的行为金融学长了75倍。

利用软件作为行为的补充

许多主动投资管理的业内人士不仅担心基金费率会持续向0靠拢，而且人工智能赋能基金经理的兴起还会导致人类基金经理被淘汰。鲜为人知的是，许多软件应主动投资管理型基金经理的要求，被开发出来帮助他们克服自身的行为偏误。

其中的一个例子就是“共鸣者”。这家公司的软件提供了一系列由行为金融学教授设计的复杂测试。这些测试可用于评估你的行为偏误。更棒的是，软件可以识别什么样的偏误有可能对你造成的伤害最大。因此，这款软件对你成功地纠正偏误至关重要。

另一家公司名为“本质分析”①。该公司要求其订阅者上传他们的历史交易数据。随后，公司将运用复杂的算法来分析这些信息，并且会聘请前基金经理来担任教练一样的角色，共同对你的行为偏误提供分析和解决。有趣的是，当你即将陷入那些过去导致你业绩亏损的困境时，该家公司研发的软件也会提出警告。

爱上你所投资的股票

里斯·伍德科克（Chris Woodcock）、阿莱西·罗兰（Aleasi Rowland）和斯内扎娜·皮吉斯（Snežana Pejić）的论文证实了许多人的看法：投资经理会爱上自己所购买的股票，但最终却因为卖出

① 本质分析，是一家公司名称，其英文原文是Essentia Analytics。——译者注

太晚而导致回报受损。图3.1列示了他们的主要研究结论。

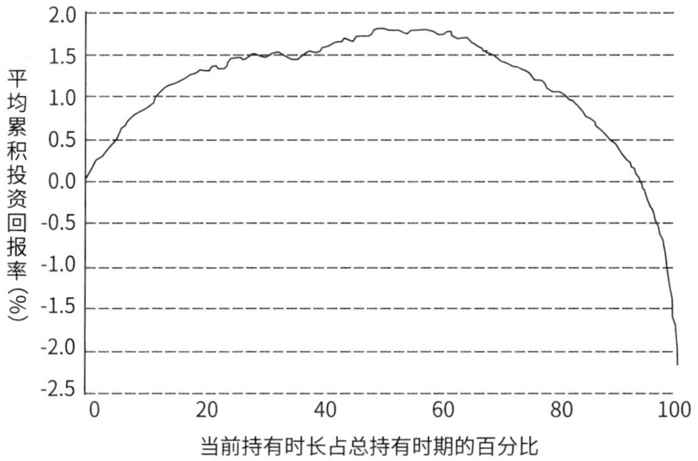

图3.1　所有时间段下股票累计投资回报率的总平均值

基于2006—2019年43个股票组合的10000个持有周期数据而得出的。每个持有周期都被标准化为当前持有天数占总持有时长的比率，取值范围为0—100%。投资回报率（Return on Investment, ROI）的计算公式为累积净阿尔法收益除以当前时间点购买的股票数量。该图经“本质分析”许可后转载。

图3.1中曲线向上的斜率部分表明，平均而言投资经理展现了他们的选股天赋，且这种选股技巧为提升阿尔法收益做出了贡献。曲线中向上的斜率保持到持有期占比的50%~60%。在此之后，阿尔法收益开始下降，并在持有期最后5%的时间内暴跌至负值。也就是说，平均而言，基金经理会爱上自己投资的股票，并且一直持有到最初辛苦赚来的阿尔法收益被消灭为止。如果基金经理学会在这最

后一个破坏性环节到来之前卖出股票，那他们将受益匪浅。

形成一个基于规则的卖出法则，是基金经理可以加入投资流程中最重要的调整情绪的方法之一。

本章回顾及下章展望

本章我们讨论了多种改善投资流程以避免行为偏误的方法。这些方法包括通过阅读新闻确保我们多方位了解故事，以及在消化世界上发生的事件时如何更好地保证我们自身的客观性。

接下来，我们提供了保持客观性的其他方法，包括撰写观点日记、投资原则的力量。好奇心也是驱使我们了解未知事物的基本行为。通过满足我们的好奇心，我们会慢慢地提升我们的知识，并且会大概率相应地改善我们的投资流程。最后，我们分析了冥想的重要性。冥想是一种已被科学证实的、可以用于克服行为偏误的方法。

第四章将深入探讨行为和行为洞察力在基本面分析中的多种应用。

第四章　如何进行基本面分析

投资分析的艺术

杨婉婷在一家刚成立不久的公募基金担任研究员。此刻，她正为某事一筹莫展。她正在研究一家上市公司的股票。在她被聘用前，该公募基金已经持有这家上市公司的股票，并且是该公司的十大股东之一。

婉婷认为，这层关系能让她更容易向上市公司高管咨询任何她想了解的问题。特别是，她关注到该上市公司销售的产品已不再具有竞争力，"黄金时代"的成功可能将要结束。为了减轻她的忧虑，婉婷想让公司的首席财务官（CFO）或投资者关系经理对公司管理层刚公布的战略部署给出详细的解释，告诉她如何恢复公司的竞争力。

行为披露

婉婷所在公募基金的同事同样对讨论该上市公司的战略部署非常感兴趣。令她非常吃惊的是，他们的调研请求被公司的CFO拒绝了。于是，他们尝试与投资者关系经理预约一次电话会议。经过几周的尝试，她才终于成功地预约到一次电话会议。

然而，这个期待已久的电话会议才进行了15分钟，投资者关系经理就终止了他们的提问。他这么做的原因是他家里刚刚养了一只小狗，他必须回家去遛狗，以免小狗出现“意外”。他的举措让婉婷和同事都目瞪口呆，他们关注的问题都还没得到解答。

婉婷作为一个年轻的研究员，认为公司行为非常傲慢，且强烈表明这家公司并没有认真对待她所在的公募基金和其他股东。婉婷将她对该公司的量化分析结果、管理层的战略及其对公司的期望进行深入分析和对比后，进一步证实了该公司的发展已经迷失了方向。从另一个角度来看，与量化分析结果相同，公司在与其股东直接互动过程中出现不当行为也是一种重要的信息。

虽然婉婷和同事对该公司如此对待他们感到失望，但通过此事她也提醒自己，公司的行为表现在详尽分析投资机会中起着重要作用。

这就是行为的魅力

我们假设人的行为是一种比现代资产组合理论更能预测资产价格变化的指标。这个观点同样可以被扩展到用于分析公司管理层与雇员的行为表达的含义。这意味着我们认为，研究分析师仔细审视上市公司的行为，并分析这些行为背后的含义，那么不论从市场层面还是公司的维度，都能得到比那些肤浅分析更为深刻的结论。这是因为在多数情况下，这些行为就像习惯一样，一时间是难以改变的。

在上文的事例中，婉婷对她所评估的上市公司给出负面评级。这是因为她认为公司高管的行为是其公司文化的一种体现，即对公司最关键利益群体——投资者的傲慢与漠不关心。更重要的是，受到调研的公司如果要提高自身的竞争力并重新审视自己的发展轨道，需要有投资者的买入。

本章就探讨如何从行为视角来改进财务报表分析、估值、一对一管理层访谈和季度盈利公告。

财务报表分析

根据我们的经验，多数研究分析师认为财务报表中的数据是量化的，如利润表、资产负债表和现金流量表等。这些研究分析师将财务报表视为进行客观分析的原始资料。本书对财务报表中所包含数据的定量属性并没有异议。然而，本书会在财务报表分析中新增一项内容，就是财务报表包含一家公司人员行为的证据。

利润表

什么是收入，是机构组织中有关产品发展、产品采购、产品生产、产品盘点、产品营销、品牌管理、关系维护等行为的集中体现吗？其实换言之，收入是机构组织决策的结果。行为是因，收入是果。

这不仅收入指标适用，也适用于财务报表中的其他指标，如利息费用、其他应计负债、由处置资产产生的投资现金流等指标。这些在报表中记录的指标就是影响机构组织行为的证据。

拿利润表来说，这可以被认为是利益相关者排序的申明——从最重要的利益相关者到最不重要的利益相关者。收入记录了公司与消费者之间互动的行为结果。销售商品的成本记录了公司与供应商之间互动的行为结果。销售费用及一般管理费用记录了组织机构与外部营销人员、广告平台、雇员、顾问、商业设备租赁方等互动的行为结果。研究与开发费用度量了组织机构关于未来产品发展的行为，以及研究人员的行为。最终，研究分析师在寻求理解的过程中就会定位到报表中的“营业收入”一栏。

除了收入数据，从销售成本到营业收入的数据均是有关行动（actions）、行为（behaviors）、选择（choices）、决策（decisions）、伦理（ethics）（这五个词的英文首字母大写的缩写合称为ABCDE，下文均用缩写代替）专业化运作的定量体现。这尤其反映了一家公司首席运营官（COO）的行为。这些行为费用相对全球宏观经济是如何变动的？相对公司所在行业的运营环境如何？相对公司的产品又如何变化？上述每个问题都为我们了解公司的经营文化提供了不同视角。

例如，当全球类似费用呈上升趋势时，而公司该费用却呈下降趋势，那有可能就是行为证据：公司有一个纪律严明的运营团队专注于经营公司的主营业务。同样，这也有可能说明公司在成本控制上有这样的文化：谈判者必须尽其所能为公司节省每一个铜板，保持低开支。

我们继续顺着利润表往下看，来看看还有哪些增加或减少组织价值的行为。公司的整体资本结构是否与其业务和战略相匹配？公司的杠杆率是否过高或不足？相对公司的经营状况，他们的借贷利率是否过高或过低？首席财务官是否足够资深，能利用合适的税务管辖区来为公司增加价值？

接下来，位于利润表经营性部分下方的是非经常性损益指标，如一次性与特殊项目。这些通常是管理层过去关于ABCDE定量的结果。历史上出现的异常一次性与特殊项目通常预示着，要么管理团队有不切实际的狂妄自大（目标设定过高），要么管理团队无法将想法贯彻实施（目标不可执行）。

最后，研究分析师终于来到了“净利润”这一栏，可以评估公司业务的整体经营水平和利益相关者的表现了。每个会计项目数字的背后都蕴含着与公司持续经营相关的叙事。但每项数字都代表了什么呢？

资产负债表

正如利润表是公司管理层有关ABCDE的决策记录，资产负债表亦是如此。流动资产如现金、应收账款与存货都在体现公司经营状况，它们与公司收入直接相关，同时也是公司存在的原因。如果这些会计项目发生变化，并且偏离公司的目标，业绩表现差距较大，那说明了什么？是由外部因素如整体经济或竞争性环境造成的？还是由内部因素导致的，如低效能的沟通机制、员工士气低落等方面造成公司管理不善？再从资产负债表上继续往下走，诸如固定资产等长期资产尤其体现了公司首席运营官专业运营的权限。同时，这也再一次体现了公司管理层的行动、行为、选择。

资产负债表的右端是负债与所有者权益部分。其中包括那些短期性质的负债，是公司ABCDE的体现。评估公司的资产结构对理解公司的融资质量来说至关重要。公司的负债水平相对其收入水平与经营成本是否合适？相对其他竞争者，公司的利息支付是否过高？公司是否依赖于浮动利率工具来保证自己承诺的盈利增长水平？

对公司融资相关方面的ABCDE进行细致评估，需要我们审视财务报表的附注。例如，在附注中我们可以查询债务到期的时间表。公司所产生的现金流是否足够覆盖即将到期的债务。如果不能，这意味着它必须借新债还旧债。如果必须这么做，借贷是发生在高利率时期，还是低利率时期？换言之，公司融资行为既有可能提升或下降公司价值，也可以体现首席财务官管理利率曲线的能力。

附注还能回答其他许多问题。比如，公司管理层经营效率的高低可以通过资产回报率（ROA）与净资产收益率（ROE）来度量。我们可以考察公司关键的生产资产是否由管理层以经营租赁的方式来获得，从而人为地提高了上述两个指标。具体而言，我们可以观察附注中的“经营租赁”一项（有的时候被记在承诺与或有事项中），以此判断公司以经营租赁方式提供资金的设备是否对公司运营至关重要。

表4.1显示了美国数字制造商Proto Labs（股票代码：PRLB）资本化经营租赁的数据，并同时列示了其占收入的比重，下面我们将以此进行分析。

表4.1　Proto Labs公司资本化经营租赁的数据

年份	2014	2015	2016	2017	2018
经营租赁 / 美元	17 682	26 210	58 457	64 432	60 229
占收入的比重 /%	9.8	6.7	8.8	17.0	14.5

从表4.1中可以看出，资本化经营租赁占收入的比重大幅上升，从2016年的8.8%上升到2017年的17%。该公司如何评价这些经营租赁给企业带来的好处？如果这些租赁并不属于业务中至关重要的部分，那么管理层的ABCDE是清晰的。

Proto Labs公司是从第三方租赁不动产的。公司在美国有三个场所，其租赁到期时间主要在2019年到2022年。在英国、法国、德国、瑞典和意大利也有租赁的办公室，到期时间在2019年到2025年。公司也在日本租赁了办公室和厂房，合同是在2023年4月到期。公司在德国也租赁了厂房，租约到期时间是在2019年到2028年。

该公司收入主要是外包给其他公司生产制造而获得的利润。但有时这些租赁的厂房实际上会破坏了公司经营的节奏。因为如果公司失去这些厂房的租赁，那么公司的经营必将受到影响。

同时，由于财务报表的会计项目之间是相互关联的，主动投资管理型基金经理必须同时调整其他会计项目。上述数字制造公司是以无债务出名的。然而，正如你所见，该公司2018年的经营租赁实际上杠杆率为14.5%。

最后，该公司同样因其资产回报率（ROA）高而出名。然而，除非我们将资本化的经营租赁计算考虑在总资产中（即分母），否则这个案例就是不成立的。

表4.2　Proto Labs公司调整后的资产回报率（%）

年份	2014	2015	2016	2017	2018
资产回报率	16.1	14.4	11.0	11.1	13.5
调整后的资产回报率	15.0	13.4	9.9	9.8	12.1
差值百分比	7.4	6.8	10.9	13.2	11.0

正如在表4.2中所见，2014—2018年该公司的资产回报率都是超过10%的。为什么在考虑计算资本化经营租赁后，不记录在资产负债表的“负债”项呢？直截了当地说，这个问题需要主动投资管理型基金经理停下来并给予关注，因为这有可能是关于公司的融资专业人士对ABCDE的反应。

另外，其他需要在附注中仔细审查的债务项包括企业的养老金负担与期权成本。如果公司在这些债务上有着更高的自由裁量权，那就为评估公司的ABCDE提供了丰富的来源。

现金流量表

在三大财务报表中，与公司管理层各种行为联系最直接的就是现金流量表。这与现金流量表的三大组成部分密不可分，即经营性现金流（反映CEO与COO的行为）、投资性现金流（反映CEO、CFO、COO的行为）与筹资性现金流（反映CFO的行为）。

不同类别的现金流指标的含义都是非常直观的。这里有个小技巧——关注经营性现金流中净运营资本的波动性，并将其与收入进行对比。虽然管理层可以利用利润表来“平滑”处理部分净运营成本，但这部分内容仍然反映了实际经营的波动程度。

如果公司管理层在ABCDE上表现平庸，是可以通过回购股票产生数字上的盈利。又如，可以不投资那些被低估的股票，而是通过向客户提供信贷，诱导客户增加购买，从而导致应收账款天数上升等各种方式“平滑”处理现金流。

我们鼓励你开始审视你持有的每一家上市公司股票的财务报表，并问这样的问题：什么样的行为被记录在报表中了呢？关于这些会计项目，管理层做出了什么承诺呢？当管理层想要改变一些会计项目上的数据，并通过组织行为改变这些会计项目造成的影响，是否有一个清晰且符合逻辑的途径?

对于上述记录在财务报表中的行为，你是如何解读及处理的?怎样使用这些信息才能更物有所值?

要想从本质上理解公司的ABCDE，我们就要将记录在财务报表中的定量叙述与公司管理层讲述的定性叙述进行比较。这样做可以让主动投资管理型基金经理将财务报表中的数据转化成可行动的信息。

例如，如果公司就财务报表中“管理层讨论与分析（MDA）”部分对接下来几年的战略已经进行讨论并做出承诺，那么，我们就可以对公司管理层向股东兑现这些承诺的能力进行评估。公司管理层也会在其他场合对业务预期表现做出承诺，包括召开行业会议、金融行业会议、业绩电话会议、合并与收购的电话会议、一对一会议等。

如果研究分析师习惯在基本面的前沿分析中加入对公司商业行为的评估，我们建议他们开始记录公司管理层在行业会议、电话会议和书面陈述（包括监管文件）中做出的承诺。随后，在每个季度公布财报时，将这些定量结果与定性行为动机进行比较。

施乐公司案例分析

我们来看一个分析公司管理层ABCDE的具体案例。这个案例选自1999年杰森对美国施乐公司（Xerox，股票代码：XRX）的分析。杰森最终建议戴维斯增值与收益基金（Davis Appreiution & Income Fund）减持该公司股票。因为施乐公司管理层表示，在互联网时代核心阶段，预计将连续5年实现10%以上的总收入增长率，而这只是他们战略计划的一小部分。

就上述而言，这是一个不能相信的（字面上没有可信度的）声明。因为在过去的许多年里，施乐公司收入增长的最佳表现都被限制在10%以内（见表4.3的1995年），且1995年已经是公司各方面都运行良好的时候了。况且施乐公司的管理层也没能提供一个清晰的战略计划来改变组织行为去获得更好的结果。

表4.3显示了施乐公司1993—1999年总收入的表现。

表4.3　施乐公司（Xerox）1993—1999年总收入（单位：美元）

年份	1993	1994	1995	1996	1997	1998	1999
销售收入	7 211	7 823	8 750	9 256	9 881	10 752	10 346
服务与租金收入	5 954	6 255	6 830	7 107	7 257	7 626	7 856
财务收益	1 064	1 006	1 008	1 015	1 006	1 071	1 026
总收入	14 229	15 084	16 588	17 378	18 144	19 449	19 228

表4.4对应了表4.3各项收入表现的增长率。

表4.4　施乐公司（Xerox）1994—1999年的收入增长率（‰）

年份	1994	1995	1996	1997	1998	1999	平均值	年化复合增长率
销售收入	8.5	11.8	5.8	6.8	8.8	-3.8	6.3	6.2
服务与租金收入	5.1	9.2	4.1	2.1	5.1	3.0	4.8	4.7
财务收益	-5.5	0.2	0.7	-0.9	6.5	-4.2	-0.5	-0.6
总收入	6.0	10.0	4.8	4.4	7.2	-1.1	5.2	5.1

对照1993—1999年施乐公司的收入增长率，杰森认为公司管理层的ABCDE值得怀疑。不难看出，1995年是该公司表现最好的年份，收入增长率达到了10%。1993—1999年施乐公司的平均年增长率为6.5%，年化复合增长率（CAGR）为6.4%。

那么在接下来的5年里，施乐公司将如何使得复印机业务的收入增长率达到10%呢？要实现这个目标，他们只能通过劝说人们更多地使用打印机而不是发送数字扫描版的文档，而这是不可能办到的事。因为杰森认识的每一个人都越来越多地发送或接收PDF版的文档，并直接点击阅读而不是打印它们。

现在让我们把时间回到1999年，来审视施乐公司是如何执行5年保持每年10%总收入增长率的计划的，尤其是公司管理层面对其业绩的反应。表4.5截取了施乐公司按美国证券交易委员会（SEC）要求提交的1999年年度报告（即1999年的10-K报表）中有关其主要产品总收入增长率的情况。

表4.5　施乐公司1999年的10-K报表（%）

总收入增长率	1997	1998	1999（包含巴西）	1999（除巴西外）
数字产品	25	36	18	22
光镜复印机	-2	-11	-21	-18
纸及其他产品	3	1	1	2

下面文字同样摘自施乐公司1999年10-K报表中“管理层讨论与分析”中相关部分，其中就讨论了公司前几年的表现：

> 数字产品组合包括生产出版、生产打印、彩色复印与印刷，以及我们不断壮大的黑白文档中心系列的数字化多功能产品和通过间接渠道销售的网络激光打印机。剔除在巴西的销售数据，数字产品在1999年的收入增长率为22%。随着我们文档中心的不断扩大，其系列产品带来了卓越的收入增长，包括优秀激光打印机的收入增长、强劲彩色复印和印刷的收入增长，以及良好的生产出版增长和相对平稳的生产印刷增长。

上述引文为什么表明施乐公司管理层缺乏直率坦诚的行为（即不好的ABCDE）？首先，报告正在讨论今年的收入表现，其实这是可以直接用数据讲述的故事。然而，整个段落中只出现了一个数字：22%。而这个数字是在讨论他们公司最受欢迎的产品时出现的。并且，即便如此，这个数字也是被修正过后以最好的形式来展现的。他们是怎么得到这个数字的呢？比如，“要了解业务的发展趋势，我们认为调整收入和费用增长（不包括比率），可以帮助排除将外币转化为美元时造成的影响。我们将这种调整后的增长称为‘汇率前的增长’”。

换言之，22%这个数字是通过展示施乐公司最受欢迎的产品而得到的。用修改过数字意味着公司管理层其实在对投资者说：“我们希望你们关注我们明星产品的收入增长，而不要在乎我们经营不好的其他产品。”

引文中的大部分内容都在讨论公司产品组合中最具有技术含量的部分。注意文中这些词:“数字化”“网络”“激光”等。这些词想表达的隐含意义是,施乐公司是一家高科技公司,会追随着互联网时代的浪潮。他们希望投资者在考虑投资他们公司时能被贴上这样的标签。

注意引文中使用的华丽修饰语,比如“卓越”“优秀”“强劲”“良好”。增长的具体数字本身就能说明问题,尤其在涉及公司管理层战略布局的时候,根本没必要用浮于表面的语言来证明真正的好结果。

最后,同时也是非常关键的一点:这些描述与他们的真实收入表现有什么关系呢?为什么1999年施乐公司总收入反而收缩了1.1%呢?不仅如此,即便包括他们最受欢迎的产品,商品销售额实际上也下降了3.8%。令人遗憾的是,施乐公司在1999年表现最好的收入品类也只是为现有的产品线提供服务。我们没有看到他们能摆脱过时产品的清晰战略路径。

微妙之处

重要的是,除了定量属性与定性行为的故事,财务报表还包括有关行为的其他线索。此外,每个会计项目的描述也是隐含着潜在的管理行为。例如,将某一组织机构平淡无奇的净收入与净销售额比较,你可以看到他们是如何管理机构以及如何看待客户的。我们没有理由偏好某一特定版本的财务报表。这些线索的选择是创造这些类别的个性表达。或许我们不难从公司管理层的内部讨论中看出，他们关注的是客户而不是收入。如果公司管理层在公开评论中反复强调他们是多么看重客户，那就更加有趣了。

如果一个组织机构将财务报表附注中的重要数据纳入其定期财务报表中列示，然后进一步讨论那些细微且重要的细节，那么这就比那些报表相对模糊不清的组织优秀。例如，了解一家生产企业的关键就隐含在其资产负债表中的“房产、厂房与设备”[①]一项中。多数公司会在正式的财务报表中表述为单行或三行信息。

财务报表中单行版本是这样标注的：“净房产、厂房与设备净额”。而三行的版本通常这样报告：“房产、厂房与设备”项后紧跟着“折旧与摊销”项，并总计为“净房产、厂房与设备净额”项。但是，这些信息还不足以让我们能对关键信息进行全面分析，如计算固定资产的平均预期寿命、预期寿命已损耗部分以及公司最重要资产的平均剩余寿命。这些计算结果对于那些试图计算维持资本成本的研究分析师来说至关重要，因为他们可以进行自由现金流分析以及最终估值计算。

诚然，许多公司把这些数字计算的相关信息放进了他们年报的附注中。但如果一家公司在正式资产负债表中的重要位置上详细

① 房产、厂房与设备（Property, Plant and Equipment, PPE），也有专业书籍将其翻译为“固定资产”。——译者注

地披露了相关数据，这就意味着他们知道投资者必须理解这些相关信息。不仅如此，这还意味着他们认为投资者群体是他们获取成功的关键。当然，所有这些相关的行为都意味着公司有着不错的ABCDE。想象一下，当一家公司在黄金位置（而不是附注中）提供了与下文详细水平相当的关于房产、厂房和设备的信息时，与传统方法中模糊的净财产与设备的信息相比，无疑带来了鲜有的新鲜感。

▲ 土地。

▲ 建筑物和设施。

▲ 机器与设备。

▲ 计算机硬件与软件。

▲ 租赁设备。

▲ 在建工程。

▲ 资本租赁：机械和设备。

▲ 总财产与设备。

▲ 累积折旧与摊销。

▲ 净财产与设备。

杰森在他的职业生涯中有一个竞争优势就是，他能为考察的每家公司创建单独的季度报表。他之所以这么做是因为净利润表、资产负债表和现金流量表的汇报是基于不同时间段的。这使得主动投资管理型基金经理评估公司季度表现更加困难、耗时。

因此，当杰森发现了一家名叫量子服务（Quanta Services）的组织机构时十分高兴。因为这家机构每个季度都公布自己的财务报表，它非常希望股东能够清晰地了解每季度的业绩，于是做了额外的工作。

总之，本部分有关财务报表的行为分析告诉我们，公司所做的一切都是相关行为的证据。我们更偏好那些为投资者利益而管理好自身ABCDE的公司。因为我们相信这些行为会为公司证券带来更好的表现。

作为价值指示的估值

估值看似具有量化、数据驱动和不受人为干涉的属性，然而事实并非如此。由于证券的买卖是在金融市场进行的，而且我们已经知道，金融市场在很大程度上不是由贴现或评估基本面的指标所决定的，而是在任何给定的一天中由极少数投资者推动的。因此，如果你想在估值中捕捉到行为效应，那你的估值方法必须更加全面才是有意义的。

在我们看来，大多数估值模型在涵盖市场行为信息方面都显得比较拙劣。这些模型输出结果的形式通常如下：XYZ公司每股的公允价值为73.24美元。为了使估值模型更好地描述金融市场中的行为信息，我们通常会在估值模型中增加一个步骤——情景描述：描述最好的或最高的情况、中间的情况，以及最坏的或最低的情况。另一个需要增加的步骤是，在任意的基本估值模型中建立一个安全边际（比如15%）；或是基于一些统计指标，如当且仅当股票在某个观测时期内低于平均估值一个标准差时才能购买。

我们的观点是，以上这些方法不失为解决问题的一种途径，但仍然还有许多其他方法可以将市场行为信息融入估值模型中。举例而言，不同的投资者在决定其买卖行为时是受不同因素影响的。因此，将这些影响因素纳入你的估值是有意义的。有些投资者会依据市盈率以及他们对未来一段时期每股收益的估计来决定是否购买公司的股票。而另一些投资者则偏好使用价格与息税及折旧摊销前利润比（P/EBITDA）作为估值的基础。又或者其他人偏好使用现金流折现模型以及预测自由现金流进行估值，从而进行投资。

许多流行的学术文献关注更多的是在估值方法中哪一种对未来股票收益率的预测性最强，但这似乎是一个没有意义的讨论。为什么我们不为了更好地洞察市场，而同时运用各种不同的估值方法呢？许多基本面分析都将某种形式的未来业务结果预测（如利润表、资产负债表和现金流量表的预测）作为原始输入，而且由于许多基本面估值模型也都是由这些变量驱动的，因此建立多个估值模型其实非常简单。

你可以建立一个单一的加总公允价值的估计，基于价格收入比、价格营业收入比、价格与息税及折旧摊销前利润比、价格盈利比、价格总资产比、价格账面价值比、价格营业现金流比、价格自由现金流量比等。通过深入了解不同投资者可能使用的前提假设（由于他们使用的方法不同，假设条件也不同）以及他们对公司的看法，我们相信有可能得到一个对基本面价值更准确的估计[44]。

更进一步，估值的任何剧烈变动都可服务于两个有价值的目标。

第一，尽管这有可能与行为线索不相关，但可以借此对估值模型中有可能包含的错误数字信息进行检查。例如，如果按价格与息税前利润比（P/EBIT）计算的估值，与按价格与息税及折旧摊销前利润比计算的估值有显著差异，则很明显意味着你在折旧和摊销的估算中存在错误。同样，如果价格销售比（P/S）和价格与息税前利润比（P/EBIT）所得到的估值间存在巨大差异，则说明你对运营费用的假设有所偏差。这些都是对你自己工作质量的重要核对。

第二，可以对市场其他参与者的想法有深入的了解。有些基本面分析可以表明，那些偏好用市净率（P/B）估值的投资者愿意为公司每股支付的价格与那些偏好用市盈率估值的投资者是有所不同的。久而久之，这就会形成我们对公司投资者行为的洞察，而这些投资者的行为反过来也决定了股价。这类工作的关键就是评估了公司大股东的投资哲学/策略。（提示：在美国，大股东每个季度都要在报表中公布他们的持股情况。）

例如，如果在一段时间内某家公司的大股东偏好价值投资，那么对传统的、价值投资者偏好的指标诸如价格账面价值比（P/B）

Ratio和自由现金流折现的分析就可以揭示价值投资者群体对公司业务的看法。例如，如果大股东多数是成长导向型投资者，那么价格销售比、市盈率，以及价格与息税及折旧摊销前利润比等与成长相关的指标就可能反映出对其行为的解释。现在，在你对企业进行估值时，可以将投资者可能的行为纳入估值模型。因为，相比其他人，你可以根据对投资者投资类型的判断，更加强调某些估值指标。

对典型估值模型的另一种改进是，根据历史数据，为每项考察的业务计算高价格、低价格和中间价格。随后，这些价格就可以被用于计算历史上不同形式的最高、中间及最低的价格乘数（如价格收入比、价格自由现金流比等）。根据我们的经验，典型的金融市场在不同时期的多数情况下与价格乘数还是持续的保持一致的。换言之，当外部环境一片向好时，金融市场愿意为每股支付的价格是相同的，如按照最大价格乘数支付；当外部环境较差时，金融市场愿意为每股支付的价格仍然是相同的，如按照最小价格乘数支付。按照这种方式，研究分析师可以将金融市场中各种各样的情绪/行为清晰地纳入其估值模型中。

表4.6中的数据来自纽威品牌公司（Newell Brands，代码：NWL），这些数据包括市场多年来愿意为其支付的各种价格乘数。

表4.6　纽威品牌公司(Newell Brands)5年期的价格乘数

价格乘数	第一年	第二年	第三年	第四年	第五年	均值	标准差	变异系数
高 P/E	14.65	13.83	12.55	10.42	10.14	12.32	2.01	16.0%
平均 P/E	12.42	12.00	11.41	8.33	9.22	10.67	1.80	17.0%
低 P/E	9.15	10.36	10.38	7.01	8.16	9.01	1.45	16.0%
高 P/EBIT	4.81	4.84	4.81	5.07	3.61	4.63	0.58	13.0%
平均 P/EBIT	4.08	4.20	4.37	4.05	3.28	4.00	0.42	10.0%
低 P/EBIT	3.01	3.63	3.97	3.41	2.90	3.38	0.44	13.0%
高 P/EBITDA	2.27	2.48	2.58	2.84	2.11	2.46	0.28	12.0%
平均 P/EBITDA	1.93	2.15	2.35	2.27	1.91	2.12	0.20	9.0%
低 P/EBITDA	1.42	1.86	2.13	1.91	1.69	1.80	0.27	15.0%
高 P/BV	1.12	1.39	1.41	1.49	1.21	1.32	0.15	12.0%
平均 P/BV	0.95	1.20	1.28	1.19	1.10	1.15	0.13	11.0%
低 P/BV	0.70	1.04	1.17	1.00	0.98	0.98	0.17	18.0%
高 P/Assets	0.23	0.28	0.31	0.35	0.27	0.29	0.04	16.0%
低 P/Assets	0.19	0.24	0.28	0.28	0.25	0.25	0.04	14.0%
低 P/Assets	0.14	0.21	0.25	0.23	0.22	0.21	0.04	20.0%
高 P/S	1.87	2.16	2.29	2.58	1.91	2.16	0.29	13.0%
平均 P/S	1.59	1.87	2.08	2.06	1.74	1.87	0.21	11.0%
低 P/S	1.17	1.62	1.89	1.73	1.54	1.59	0.27	17.0%
每股收益(EPS)/美元	0.47	0.62	0.75	1.00	0.87	0.74	0.21	28.4%

表4.6展现了许多重要的内容。首先，包括了一些投资者最常

使用的估值方法，如市盈率、价格与息税前利润比、价格与息税及折旧摊销前利润比、价格净资产比或价格账面价值比（P/BV）、价格总资产比（P/Assets）、价格公司收入比或价格销售比（P/S）。对于每一种不同且流行的估值方法在表4.6中都分别以5年期内高、平均、低的价格乘数来表示。换言之，表4.6展现了不同估值方法支持者充分表达的观点，以及他们在这段时期是如何对纽威品牌公司估值的。

表4.6中的每一行我们都计算了均值和标准差。我们最感兴趣的是最后一列——变异系数（Coefficient of Variation，CV）反映了数据的稳定性，其计算公式如下：

变异系数度量了数据在均值附近波动率的程度。通过比较不同但相关的数据之间的变异系数，你能得到有关投资者行为的信号。例如，不同估值方法下得到的变异系数数值均低于同一时期稀释后每股收益的变异系数值28.4%。因此我们可以得出，相比公司业务的实际表现（用稀释后的每股收益来度量），投资者的行为更为一致或稳定。

我们可以从数据中得到的一个结论就是，投资纽威品牌公司的股东非常有耐心，且关注点是一致的。这是因为，不同估值方法下得到的变异系数值均比公司的实际运营表现的变异系数值更小或更稳定。通常情况下，这意味着纽威品牌公司的投资者主要由一群价值投资者骨干组成。同样，表4.6中6种估值方法计算出来的变异系数值均较为稳定，这再次证实了我们的观点：投资者在如何对公司进行估值上是一致的。

这里还有一种利用上述信息的方法。如果公司近期的业务表现高于历史均值，那么我们有理由期待更高的价格乘数将占上风。因此，在对公司业务进行估值时，你会想用表4.6中更高的价格乘数来得到你对公司价值的估计。

相反，如果你预期由于经济转向，公司业务发展将放缓，从而导致均值复归的现象发生，那么又该怎么办呢？如果你的预期正确，那就必须使用价格乘数的均值而不是较高的数值来对公司进行估值。这样得到的公司价值才与你的预期更加匹配。

正如我们之前所讨论的，我们可以从财务报表中捕捉公司管理层的行为与角色。因此，在对公司估值时，从财务报表分析中寻找线索，从而估计公司的未来表现是行得通的。

在前文提到的施乐公司的案例中，他们的公司管理层宣称他们能在互联网时代的中心保持10%的高速收入增长速度。然而，杰森设立基本模型中仅假设公司收入能以每年6%的速度增长。杰森得出这样的结论是基于对公司年报中诸如“管理层讨论与分析”等部分的量化评估与ABCDE的相关证据。最后，对于投资者关系专业人士和公司最大股东互动行为的观察是压倒骆驼的最后一根稻草（提示：下次记得带上一个遛狗人）。

真人交流分析

在前一节中，我们强调了对隐藏在财务数据背后的行为进行评估是非常重要的。不过，主动投资型经理通常会与他们感兴趣的公司的高管进行“与真人互动”的交流。当然，我们这里指的是业绩电话会议以及与管理层的“一对一”访谈。在一些关键的时刻，聪明的主动投资管理型基金经理能够充分捕捉到管理层行为的趋势。对这些行为的评估能够被用于提升我们对公司的理解。

电话会议

在公布财报的时期，电话会议通常是照本宣科、极其无聊的；但是，它们有时还是能显现一些可以执行的情报。一般情况下，买方研究员或基金经理很少能切实地向管理层提问，这是因为大量相关问题通常是由卖方研究分析师提出的。虽然我们知道你很早就接入了电话会议，而且按下了“*”号键，但你的问题仍然从未得到回答。尽管如此，每个季度管理层将会遭到1小时的详细审查，这里面包含了管理层行为的证据以及ABCDE。

接下来，我们讨论能够强烈反映管理层行为的情形。注意这些迹象并不一定要被归类为“好的行为”或是“坏的行为”，但它们都预示着明确的行为选择，是值得专业研究人员注意的。尤其是以下的关于管理层行为线索的重要例子。

坦率

要警惕那些不肯直接描述商业结果，而是用大量限定性词语和修饰语间接回答典型投资者问题的新闻稿。最明显的例子如：公司最近季度的表现如何？事实通常是直截了当且不言而喻的，完全可以用最简单且直接的方式进行回答。如果管理层用一整段或更多的文字来说明一个有事实依据的基本业务问题，这就是值得注意的。

障碍

如果公司管理层在其财务业绩报告中有所保留（无论是在新闻稿还是会议上），这就表明公司经营存在障碍，尤其是相对竞争对手而言。不要忘了，公司管理层有渠道了解业务绩效最内部的细节，而且频率极有可能是每日的。更不要忘了，现代财务报表制作的技术允许公司管理层能在季末最后几天完成结算。如果公司管理层对这些结果沟通不充分，那一定是有原因的，而且通常是不好的ABCDE的预兆。①

公司管理层经常声称他们的财务数据包含敏感信息，因此不能在电话会议上公布，否则会被竞争对手挖掘出商业秘密。我们对这种声明持怀疑态度。公司管理层每日坚定地执行既定的经营战略，

① 可以参考里滕豪斯（Rittenhouse）对公司高管坦率程度的排名（Rittenhouse Rankings）。这个排名已被里滕豪斯公司转化成一种量化指标。这一指标被用来构建一个将公司分为最坦诚的公司以及最不坦诚的公司的指数。其中，由最坦诚公司构成的投资组合的收益率轻而易举且始终如一地击败了标准普尔500指数。——作者注

这才是企业竞争优势的源泉，这要比在网上公布大约45天前的财务报告结果更可靠。相反，对于关键经营信息模糊披露恰恰是不良ABCDE的证据。

非通用会计准则（Non-GAAP）上的差异

公司管理层经常在新闻稿或电话会议上吹嘘他们精心准备的、在非通用会计准则（Non-GAAP：Non-General Accepted Accounting Principle）[①]下的业绩衡量标准。对我们而言，这种行为通常模糊了大众对具体数据的理解，掩盖了数据所能说明的问题。但是，从ABCDE的角度来看，这种行为本身就说明了其存在问题。

造成这种理解误差的企业通常会抱怨通用会计准则（GAAP）[②]的财报体系过于同质化，无法描述他们所处世界的异质性。然而，这些标准就是刻意地设计成通用的，这样每家公司的独特性都能准确地被会计项目记录。我们认为，公司管理层在讨论可量化的业绩时，如果与投资者在讨论通用会计准则衡量的业绩上花费的时间少于大多数公司的话，这就不是一个好的信号。

如果公司管理层坚持强调他们基于非通用会计准则来度量业绩

① 非通用会计准则，是指上市公司除了按照通用会计准则和其他法规准则要求进行财务披露外，还需要以其他财务计量的方式对企业的经营活动、财务状况及现金流量进行披露。——编者注

② 通用会计准则，是指会计界普遍接受并有相当权威支持的，用以指导和规范企业财务会计行为的各项原则的总称。——编者注

表现，这是他们ABCDE的一种预示，主动投资管理型基金经理应当对这种行为提出疑问。比如，公司管理层的薪酬是否正式地与非通用会计准则衡量的业绩挂钩？这些业绩是否便于审计？在估算业绩时，公司管理层的主观判断成分有多大？公司在非通用会计准则度量上正式使用的计算方法是否有记录？这种方法计算出来的结果在不同时期内是否一致？是否具有可比性？或者，在备选方法中，公司管理层是否是那些要用于计算的数字的唯一来源？如果采用了非通用会计准则，他们是否对为什么采用不同于通用会计准则的方法提供了解释？为什么在非通用会计准则下计算出来的数字不同于通用会计准则？主动投资管理型基金经理是否能够还原对这些数字的估计？公司的竞争对手是否也采用了相似的计算方法以确保可比性？如果没有，原因是什么？

问答环节

公司管理层是否允许其实际投资者及潜在投资者（即买方）在电话会议上提问？又或者问答环节是否仅是卖方分析师的专属权限？如果你在电话会议上发现没有一个买方研究分析师发言，这就是公司管理层有倾向影响卖方研究分析师群体的证据。尽管如此，有的时候买方研究分析师仍然是电话会议的必需部分。我们完全可以理解，出于相互竞争的原因，许多买方研究分析师和基金经理并不喜欢公开向公司管理层提出问题。但事实上并非如此。

公司管理层是否直接且简明扼要地回答了我们在前文指出的那些问题？还是说他们在回避问题，或者是给出含糊不清的回答？是否毫不避讳地用“我不知道”来回答问题？管理层勇于承认自己对某些事情的无知，毫无疑问是公司管理层行为的预示。根据我们的经验，这通常是个好事情。

如果公司管理层表现傲慢的话，这种态度有多少在研究分析师群体的关系中体现出来？或者简单地说，公司是本着顾客至上的态度还是无动于衷的态度？

管理层的风格

留意公司管理层在描述主营业务状况时选择的用词。凡涉及用于描述成功与失败的词汇都提供了行为信号。典型例子包括：淡化季度收益的重要性，强调长期战略，认为在困难时期维持债券账面价值的重要性比提高股价更高，等等。以上是关于公司管理层谦虚与冷静的例子，这与其他许多公司管理层形成了鲜明的对比。许多公司管理层的ABCDE是傲慢且华而不实的。

“一对一”访谈

以上每个关于电话会议的观点在“一对一”访谈场景中也是有效的。然而，由于与公司管理层“一对一”的谈话具有询问性和私人性的特征，我们可以更好地评估公司管理层的行为与特征。

所有成功地采访管理层并深入了解公司管理层行为的技术都依

赖于对采访内容的把握。这是因为管理团队是获取公司业务信息最主要的来源。任何其他信息来源都是次要的。在与采访者打交道的过程中，公司管理层已经听到了所有有关其业务的各种提问，并且也非常熟知这些提问的各种形式。因此，当你直截了当地问了一个业务问题时，就相当于提示公司管理层基于当前环境下的基本线索（并被这些线索锚定了），从而他们也明白应当如何正确回复。

为了收集信息，主动投资管理型基金经理必须识别出问题中的启动效应和锚定效应（即无意识下的语境化）。一旦研究专家们深入理解与公司管理层访谈的上下文，他们就可以利用这些上下文，而不是被公司管理层主导或被锚定。在理想的提问中，提问内容是被提问者不熟悉的，而得到内容是相关联的回答。通俗地讲，就像当你在玩扑克牌的时候，不能让别人看到你的底牌。不仅如此，你还必须成为一个能够控制提问者与回答者之间信息交流的专家。

杰森的投资组合职业管理可以证明这一技术可能非常有用。德文能源（Devon Energy）就是一个例子，当时杰森供职的基金会是德文能源的最大股东。

一个更详尽的例子：如何控制语境

1999年，德文能源（股票代码：DVN）是美国最大的独立原油和天然气的厂商。他们以出色的收购能力而闻名，通过收购增加了公司自身的石油和天然气储量。此外，他们还以从煤层气沉积中抽取天然气的能力而闻名，这种方法可以让他们的产量进一步提升。通常情况下，由于天然气深埋在地底，因此钻天然气井是非常昂贵的。压在这些碳氢化合物上的岩石重量让它们转变为天然气。有可能要深挖到地下12000英尺才能形成一个天然气井，而一个原油井可能只需挖不到1000英尺。这就是为什么德文能源的煤层气沉淀技术那么重要的原因。这种气体以气泡的形式存在于煤层沉积物中。而这些煤层沉积物有可能就在地下100~200英尺内。这显著降低了挖井的费用，潜在的经济回报也更高。这项技术的窍门在于如何从气泡中抽取天然气，而这正是德文能源擅长的。

杰森在美国丹佛参加落基山天然气投资论坛。德文能源在论坛上公开表示，他们在怀俄明州中部（吉列附近）有巨大的煤层气资源，未来的开采成本将大幅降低。这是一个巨大的竞争优势。由于煤层气资源分布于世界各地，每个研究分析师和基金经理都想知道德文能源下一步将在哪里投资。

参会的这一天，杰森看到无数人用不同的方式问德文能源同一个问题："你们还在其他哪些地方寻找呢？"但是，德文能源不想让人们知道他们正在考察哪些地方。特别是对于德文能源的竞争对手来说，任何关于德文能源感兴趣的地点的信息泄露都是有价值的。可以理解德文能源管理层围绕这一信息已经建立了一个相当高的信息壁垒。

所有这些背景信息都是必需的，这能帮助你理解“一对一”访谈所处的语境。这对于你在访谈中的提问也是必需的。因为你可以清楚地看到，如果你的问题是类型A，如“你还在寻找哪里的资源”对应的语境就是A——“其他煤层气资源”，然后你会得到答案A或者根本没有任何用处的答案——碰了一鼻子灰。相应地，如果主动投资管理型基金经理希望获取具有潜在价值的信息，他们必须改变他提问的语境，从而更好地审视管理层的ABCDE。记住，最理想的情况下，提问语境要与你想要的答案密切相关，但对于回答语境而言又是陌生的语境。

以下是杰森在构建新问题时所处语境的背景情况：

首先，德文能源有许多高管参加了这场规模不大的会议。这是不寻常的。在大多数会议中，通常只有公司的最高管理层出席，并且出席的人都如斗牛士一般非常擅长应付研究分析师的提问。杰森首先观察到的是，这次有一些可能不精于此道的高管也参会了。

于是，杰森决定重点关注德文能源负责全球勘探的高管。因为这位高管掌握着他最想知道的信息，且这名高管不擅长应付研究分析师的提问。杰森一开始就坐在德文能源高管周围一群提问者的旁边。在举行会议的一个半小时内，类似“你们在哪里寻找新资源”这样的问题以各种形式提出，但没人得到该问题的答案。

杰森正在等待合适的时机将他的问题猛然向这位高管抛出。他注意到，随着提问语境的改变，会议谈话的氛围开始放松。在这个特殊的时点，这名高管身边只有两名卖方研究分析师。他们正在讨论生活的问题，如：“你的妻子和孩子最近如何？”“你的高尔夫球可以打多少杆？”

请注意，杰森选择了一个在往常投资会议中不参会的高管，且这名高管是公司全球勘探的负责人，而不是公司的最高管理层。还要注意，此时讨论问题的语境和内容已经完全脱离了杰森想得到答案的语境和内容。也就是说，问答语境和内容已经从商业切换到了个人生活。换言之，此时人们更加开放且愿意分享。

杰森深知他自己看起来十分年轻。他打算利用这一代表性偏差（即以貌取人）的优势，让别人误以为他只是一个年轻的、没有经验的投资人士。他希望他这种貌似年轻、无知、缺乏经验的外表能让对方放松警惕，进而能从他偏好的提问环境中获取他想要的答案。

杰森就像一匹披着羊皮的狼，走向这三个刚注意到他的人面前。

杰森对自己的策略能否在这个关头奏效很敏感。因为此刻他的脖子上挂着一个名牌，上面标明他是德文最大股东戴维斯基金的基金经理。通过观察，杰森发现这三个人都没有意识到戴维斯基金相对德文能源的重要性，杰森把这看作这三人对他年轻外表误读的信号。此时，谈话的语境已经切实地转移到了非商业领域。

在三人谈话的间歇期，杰森恭敬地请教：“所以说找到煤层气听起来就像在棒球比赛中完成了一个本垒打，对吗？”听到杰森的问题，两位卖方研究分析师不禁对杰森无知的问题笑出了声。反而是德文的高管回答了杰森的问题。

两位卖方研究分析师对杰森提问的嘲笑说明围绕这个问题的围墙此刻无人把守，杰森的提问策略有机会发挥作用。

于是，德文能源的高管继续向杰森解释有关他们煤气层的前景。在这期间，杰森不断地对高管的解释报以点头回应，让高管误以为他在向一个刚入行的投资者传递新的信息和使其了解真相。紧接着，杰森又问了一个他其实早已知道答案的“幼稚”问题：“世界上的煤层气都分布在哪些地方呢？”

还没等德文高管回答这个问题，两个卖方研究分析师没放过这个可以向杰森展现优越感的机会，异口同声地说：“所有人都知道这个问题的答案。许多地方都有煤层气资源，比如俄罗斯、捷克、波兰、加拿大、哈萨克斯坦……”

就在此时，杰森发现德文的高管毫无防备，于是他将早已准备好的关键问题猛然抛向德文能源的高管，他的声音穿越了两个正在喋喋不休、盛气凌人的卖方研究分析师。这个问题与当下的语境相关：“你正在学习哪国的语言呢？”

德文能源的高管下意识地回答了这个问题，且答案与杰森想要的信息密切相关：“捷克与波……兰。”杰森说了声谢谢，然后带着能给他创造阿尔法收益的宝贵信息离开了。

再次强调，要想在这种情形下发挥作用，你所提问的语境或者内容与你想要的答案必须有上下关联。为什么？杰森似乎本可以在最开始就抛出与当下语境无关的问题，这也是大多数人提问时的通病——缺少关联语境。诸如“你在学什么外语”这类问题，如果与当前谈话所处语境偏离太远，则有可能引起被提问者的警觉。因此，以上行为监测技术能发挥作用的关键在于：提问的语境要与你想要的答案密切相关。

杰森还必须为他关于煤层气的问题构建相关的商业语境。但至关重要的是，他营造了一种自己“天真无知”的氛围，从而让高管与卖方研究分析师放下对他的防备。他们深陷在他们的语境中——关于个人生活的轻松谈话——对杰森在此时加入谈话并无反感。如果杰森在接近他们的过程中过于严肃，德文能源的高管可能就不会那么放松警惕，行为也会更加谨慎了。

杰森采取的策略完全有可能不起作用。事实上，在杰森的职业生涯中，这种策略失效的例子有不少。但总体上，这种情形并不多。此外，尽管有时候这种改变语境的方法会失效，但传统的、将问题与答案的语境相匹配的方法始终在备选项当中。当然，传统的方法是通用但平淡的，且不能以此获取更多能够赚取阿尔法收益的信息。

还有许多其他改变语境的方法可以运用到“一对一”访谈中以获取可以产生阿尔法收益的信息。例如，你可以用夸张的方法表达你对一家公司的看法，以此观察公司管理层对此的反应是无视还是纠正你的看法。仔细分析这一方法你会发现，你采用了华尔街形成共识的标准答案模板，并迫使它不同寻常，却与公司的典型观点密切相关。

例如，假设多数分析师认为某家公司的评级为“买入”但不是“强烈推荐”，你可以这样陈述：“我的模型显示你的公司被市场低估了30%甚至更多。”说完后，你可以观察公司管理层是否会特意重建标准语境，比如“不，不，这个估计太激进了”。不管他们是否试图重新建立标准语境，他们的反应都说明了这些问题。

有些情况下，企业重新构建市场形成的预期是公司管理层想过度承诺并在随后超额完成业绩的证据。这是因为，公司管理层意识到投资者会对不好的业绩产生失望，并且伴随着强烈的行为反应。在这种情况下，公司管理层的反应通常是其正在管理投资者预期的一种信号（不好的ABCDE）。

公司管理层同时也可以将你拉回到市场的一致预期，因为他们是真实地希望你能在他们公司的投资上取得成功（好的ABCDE）。换言之，他们正试图引导你回到正轨。借此，主动投资管理型基金经理可以洞察公司业绩的可能表现。这显然是重要的信息。通过询问其他相关问题可以对管理层的动机有所了解——他们是在管理投资者的预期行为还是在切实地帮助投资者？这非常有助于我们判断上述两个场景中的哪一个正在发生。

如果公司管理层并没有试图将你拉回到问题的标准语境，这说明了什么呢？这又存在两种可能性。第一种可能性是公司管理层并不认为纠正围绕其业务的语境是有价值的，很明显，这既有可能是好事也有可能是坏事。如果他们并不在意投资者对其业务的误解，这有可能是因为他们更关注长期执行公司战略，且认为公司股票的持有者多数是换手率高而并非看重公司商业模式的投机者；另一方面，也有可能只是他们对这种管理上的细微差别不是很敏感。

管理层不纠正你对其未来业绩过分夸大的第二种可能性是，你的观点是正确的。我们获得了一个很有优势的信息，这将提升你在分析工作中获得阿尔法收益的可能性。

这种以任何形式转化提问语境的能力需要长时间的积累才能掌握。这种技巧需要综合运用你的知识、智慧、创造力与直觉。无论如何，情景化运用你的智慧与聪明才智，是主动投资者可利用的一个优势。被动投资者或者不会利用当面交流机会的投资者，当然无法取得这个优势。

识别谎言与真话

“一对一”访谈的另一个众所周知的好处就是，我们有能力借此识别公司管理层是在对你说真话还是在向你撒谎。在讨论这项技能时，多数投资者认为识别谎言比识别真话更具有吸引力。这种对谎言监测的偏好正是损失厌恶在实际工作中的体现。大多数人对被骗的厌恶程度超过了我们被告知真相的感激。这是因为我们都有因谎言成为受害者的经历，这种经历给我们带来了很多痛苦与损失。

正如统计学中所面临的第一类与第二类错误一样，同样的情况也会发生在我们对公司管理层的采访中。更直白地说，在决定购买某个公司的证券时，你对公司在重要数据上造假肯定会有误判。然而，当你坚信某家公司对你撒谎，从而决定卖出某家公司的证券时，同样也存在着错误。可能实际上公司并没有撒谎。

杰森曾与全球备受尊敬的测谎专家一起，对研究分析师和基金经理在金融和投资领域以及他们在个人生活中识别谎言的能力进行过一次研究。说实在的，这些投资专业人士在识别谎言方面表现得一塌糊涂。[45][46]

一项研究项目的汇总分析发现，全球约有54%的人具备识别谎言与真话的能力。[47]这个数据来自一项对多个研究项目结论进行分析的研究项目（即汇总分析）。这个研究项目汇总了206个关于甄别谎言与真话的研究论文结论，涵盖了24000多个相关主题。在这些研究中，科学家们得到了一个基本的事实，因此他们能够度量人们辨别谎言与真话的能力。54%这个数字可以根据调查对象进一步分解。按平均来说，可以正确地将47%的谎言归为“欺骗”一类，同时将61%的真话归为“非欺骗”一类。

54%这个比例看似很高，但其实只比当人们听到谎话时纯粹凭猜测的正确率（50∶50）好一些。在杰森本人的研究中，实际上金融专业人士在识别真假话上的表现比一般公众还要差。对于所有类型的谎言，在记录数据上他们只有49.4%的正确率；而对于金融背景的谎言，他们的表现也仅仅略微好一些，为51.8%。[48]注意，与已经发现的全球人群的表现相比，这个数字仍然低于平均水平。

无法识别谎言的原因有很多，但其中一个原因值得我们重视。包括研究专家在内的大多数人都相信一个泛文化的神话，即谎言可由被称为“微表情”的肢体语言揭露。人们认为这些微表情是识别谎言的关键。但已经有大量研究证明这个结论是一个错误的假设，相关研究可以追溯到1958年。我们可以很明确地说，用肢体语言与微表情来判别交流语言是谎言还是真话是十分糟糕的方式。

以肢体语言作为谎言信号的理论建立在一些糟糕的假设条件之上。其中最主要的假设是说谎者在涉及重要利害关系时会比说真话的人更加焦虑。这种焦虑被认为会通过肢体语言泄露出来。相应地，一个在坊间普遍流传的提高访谈技术的法则为：在询问问题时提升被提问人的焦虑水平。

然而，这个假设忽视了当涉及利害关系时，撒谎者与说真话者都有充足的理由在这种情形下表现出焦虑。撒谎者焦虑的原因是他们害怕他们的谎言被发现。然而，说真话者同样有可能焦虑，因为他们害怕因某事而被指控。因此，即便微表情是某些潜在行为如被访者焦虑的信号，但它们并非必定是被访者在撒谎的信号。

另一个错误假设是：这些微妙表情变化是显而易见的。一项又一项的研究表明，那些声称微表情是谎言信号的独立研究者，他们得出的研究结论难以被研究人员所复制。[49]

此外，难以识别谎言的另一原因在于我们多数人都是优秀的撒谎者。我们并非未经思考就得出这样的结论。事实上，对绝大多数人来说，我们从很小的时候开始就被鼓励撒谎，尤其是在社交场合。我们多数人都曾得到父母这样的忠告：尽管我们感觉到或相信某些事，但在有些情况下却只能言不由衷。这些谎言是为了维持社交礼仪。

如果肢体语言不起作用，那什么起作用

有两件事情已经被经验证明是有效的。一是使用软件所汇报的数据进行基于文本的分析，即语义查询与单词统计（Linguistic Inquiry and Word Count，LIWC，发音与“luke”相近）；二是证据的战略性运用（Strategic Use of Evidence，SUE）。对这些技术展开全面讨论并不是本书的重点，我们的重点在于审视管理层的ABCDE，尤其是将谎言与真话区分开来。这样做不仅是可行的，而且往往是有价值的。

简言之，LIWC可根据许多不同的行为标准来对基于文本的交流进行评估。在软件使用场景的背后，有一群人类语言专家定期聚集在一起评估单词的含义，以及那些随着时间流逝而发生变化的思想和情感交流的常用方式。例如，“生病”（sick）这个词往常用于表示某人身体或精神上的状况不佳。然而，在如今的都市环境中，它可能意味着某些东西是令人兴奋的、向往的。比如，“那些运动鞋

真让人喜欢呀！”（Those sneakers are sick!）LIWC并不是特意为发现谎言而设计的，但其中的一些评判标准考虑到了类似撒谎的行为，比如“真实”与“迟疑”。同样，LIWC也报告了许多其他与管理层相关的ABCDE，这对分析非常有帮助。例如，积极与消极词语的数量，焦虑、悲伤与确定性的水平，以及过去和未来的方向。

SUE作为一种提问技巧完全颠覆了传统的询问式测谎面试。传统上，那些想把谎言与真话分开的人会被要求立即出示可疑行为的证据（尽管未被证实），以震慑被采访者。接下来，在假定制造焦虑的前提下，采访者会去寻找那些被认为透露着谎言的微表情。可悲的是，这种监测谎言的技术是一种非常糟糕的方式。为什么？因为本质上你已经告诉了每一位被采访者，他们需要什么证据来进行合理的解释才能让你相信他们。这种使用证据的方法是不当的。

SUE能发挥效应，是因为它的理论实际上是对人类行为的描述。诚然，说谎者与说真话的人在接受采访时都有焦虑的理由。同样，双方都希望采访者相信他们说的是实话。然而，说谎者与说真话的人采取了不同的策略来说服采访者相信他们所说的是真实的。当说谎者认为提问者快要识别出他们在撒谎时，他们会回避问题，尝试将谈话从现有的证据上引导到别处。而说真话的人的策略是则直接引导提问者找到重要的证据，从而使他们可以被免除责任或被证明是正确的。

下次在采访公司管理层时，如果你有所怀疑但又无法证明他们在撒谎时，不要直接出示你的证据让他们解释。相反，要逐渐缩小你证据的范围，并观察公司管理层的行为：他们是在回避你的问题还是直接回答你的问题。举个例子，一家Wi-Fi路由器生产商的最重要市场在东南亚。你拥有他们在该市场上的销售数据，证据来源于自己对存货渠道的确认，证据表明该生产商在东南亚市场的销售状况并没有公司管理层在季报上声称的那么强劲。同样假定管理层此刻还未下调盈利预期。由此你可以得到公司管理层缺少坦诚的证据，但未必意味着公司管理层就在撒谎。同时，你知道自己通过渠道得到的确认充其量只是通过抽样而得到的。如果你的抽样样本存在偏误怎么办？如果你卖出了该公司的股票，而事后证明你是错误的，你有可能错失获取投资收益的机会。面对这种情形，正是SUE大显身手的时候。

你在采访该公司时，最先问的一个问题可以是："这个季度的经营状况如何？"这给了公司管理层第一次机会来引导你对公司Wi-Fi路由器在东南亚地区销售负面表现的观感。你可以通过公司管理层的行为来判断他是否是说真话的人。尽管此刻管理层具体着手讨论东南亚路由器的业绩问题为时尚早，且范围太广。如果你关于季度业绩问题得到的答案是："我们表现得非常好！"可能真实情况确实如此。但如果你所掌握的证据表明路由器在东南亚地区销售得不好，那你就有理由质疑管理层最初关于本季度的业绩是否表现良好的积极回答。

接下来，你可以继续提问，比如："那QXZ路由器的业绩表现如何？”此时，你稍微缩小了语境范围，但你仍然没有透露你通过独家渠道所掌握的证据。此刻，如果公司管理层是诚实的，那么他就获得了另一个机会向你出示证据并解释业绩表现。在这个关头，他可能会说："东南亚地区表现不佳，但我们在其他地区表现良好。"

重要的是，由于他并不知道你手中的证据，可能并不明白你需要他对在东南亚地区路由器可能的销售不佳做出解释。简言之，他的回答很可能是："QXZ路由器在全球销售得很好。"这也是实话。相比之下，一个说谎的公司管理层可能在此刻会对你的问题有所回避。他可能会说："打印机卖得很好。"这毫无疑问是在回避问题。如果公司管理层（不论说谎者还是说真话的人）这样回答你的问题："它们卖得很好。"那你必须进一步缩小你的语境。但是，再次注意要将他的回答渐渐逼到一个角落。如果他实际上在撒谎，那么起先的两个回答，如"这个季度销售不错"与"QXZ路由器销售得很好"让他们难以事后圆谎。再一次提醒，此刻他们仍然不知道你手中握有来自独家渠道的信息。

你的下一个问题可以是："东南亚地区的销售表现如何？"这里你并没有特指QXZ路由器，而是泛指整个区域。再次留心公司管理层向你提供直接证据的意愿是否强烈，还是相反地尝试逃避你的问题。此刻，公司管理层有可能意识到你在逐步将问题缩小到你最终关注的问题上，即东南亚地区QXZ路由器的销量。一个诚实的公司管理层很有可能会告知你想要得到的信息，比如："截至这个季度，那款路由器销售不佳。我们会对此季度的销售状况进行改良。”然而，一个信誉度较低的公司管理层有可能就会开始和你讨论打印机的业务了，或者尝试改变话题，甚至他们有可能反问你：“你以前从来没有问这么详细，为何今天如此？”在不断缩小的语境下，如果公司管理层有尝试逃避的行为，通常都是欺骗行为的信号。还有很多额外的细节需要注意。这可以让一个受过SUE训练的人成为一个技巧娴熟的测谎专家。

本章回顾及下章展望

我们回顾一下本章有关基本面分析可以带来的多维度信息源。那些可以纳入你的基本面分析技能包中的技能有：

- ▲ 将财务报表视为管理层的行动/行为/选择/决策/伦理（ABCDE）。
- ▲ 将金融市场以及管理层的行为显性地纳入你的估值模型，从而更好地估计证券价格。
- ▲ 在电话会议中寻求关于管理层行为的重要证据。
- ▲ 在与公司管理团队的“一对一”访谈中充分且智慧地利用语境。
- ▲ 利用LIWC与SUE这两种技术来提升你甄别谎言与真话的能力。

本书的下一章，我们要讨论如何指导基金经理去寻找并识别高水平的主动投资管理型基金经理。

第五章　如何寻找优秀的基金经理

业绩之谜

布鲁斯是一家大型投资平台公司的投资顾问，他的职责是为客户甄别优秀的基金经理。他时常思考的一个问题就是什么类型的基金经理是他们最需要的。“我们需要一位新的擅长中盘股投资的核心基金经理，目前聘请的这位表现不佳。”

布鲁斯设计了一种计算机评估工具，可以在众多管理风格符合客户偏好的高水平基金经理中进行优选。他把许多基金经理的更新数据输入电子表格模型中，它可以筛选出20多位候选人。

坦白地说，布鲁斯很困惑。根据自身的经验，他知道有一位著名的基金经理，但这位经理却并没有出现在程序筛选的结果中。于是他决定手动输入他所知的那位高水平基金经理的数据，以便更好地将其与竞争对手档案中的各方面数据进行对比，而不是直接接受计算机筛选的结果。

追本溯源

当看到这位高水平基金经理40个季度的投资回报图时，他发现这位基金经理在其中37个季度轻松打败了业绩比较基准。另外，在跑输基准的3个季度中，该基金经理也仅仅是略输于基准的表现。

“嗯，”布鲁斯想，“他的确是一位顶级的基金经理！”

相比他的同行，这位基金经理得分很低的原因主要在于他管理基金的风险价值（values for risk）、夏普比率中的标准差及特雷诺比率中的贝塔值比他的同行要高出许多。[①]“这怎么可能？十年来，该基金经理的表现一直很稳定，而且异常出色。”

令布鲁斯更为吃惊的是，他发现这些指标并非是真正衡量亏损概率的。实际上，这些指标衡量的是围绕平均值附近的波动程度（即标准偏差）和回归线的倾斜程度（即贝塔）。换句话说，这些指标将一位高水平基金经理的优异表现也视为风险。而事实上，这才是你所需要的基金经理：相对投资基准而言，他能提高上行波动率，而最小化下行波动率。

布鲁斯为工具不能展现实际投资回报所困扰，并想知道还有什么他没有发现的类似问题存在于挖掘业界优秀基金经理的方法中。

---

① 标准差与贝塔值越高，则夏普比率与特雷诺比率的值就相对越低，从而基金的得分也越低。——译者注

衡量历史业绩的难题

主动投资管理的目标是为投资者创造可以超过简单且廉价地投资指数基金的回报。选择那些过去已实现目标的基金似乎合乎逻辑，毕竟几乎每个人（包括专业机构和散户）在选择基金进行投资时，都会在很大程度上参考基金的历史业绩。

但问题在于基金过去的表现经常充满着不同的争论，常常会误导人们对其未来表现的预测。每个投资产品都被要求明确说明这一点：有大量的学术研究证实了，历史表现并不代表未来业绩。

然而，尽管有如此多的证据证实了这一观点，过去的表现仍然是许多人挑选基金的主要标准。这是一种典型的代表性偏误，也就是根据没有什么预测能力的指标来做决策。这样做在情绪上具有吸引力，而且这种偏误在金融市场上比在其他地方更常见。

缺乏预测能力是两个驱动因素的结果，一个是行业的结构，而另一个是投资回报其自身的特性。

首先，效仿指数的伪主动投资管理型基金是行业增长刺激下的产物。为了增加资产管理规模，基金普遍选择迎合客户的情绪化需求，采用现代资产组合理论支持下的工具来最大限度地减少波动、跟踪误差和风格漂移。业绩良好的小型基金希望扩大规模的强烈愿望促使他们遵守这些业绩评判标准，从而将自己变成伪主动投资管理型基金，并拉低了业绩表现。我们要记住：如果你就是基准，自然就无法超越基准。通过这种方式，过去表现较好的基金往往接下来表现较差，就如白昼过后必然是黑夜一样（也许不完全如此，但也非常接近了）。因此，过往表现无法预测未来的业绩。①[50]

其次是投资回报的统计特性。汉德瑞克·贝塞姆宾德（Hendrik Bessembinder）发现股票产生平均正回报的原因是收益率的正偏态分布。[51]股票每月回报的中位数接近于零，但正收益的绝对值超过了负收益的绝对值，因此平均股票收益为正。贝塞姆宾德是最早提出股票收益正偏性对投资表现具有重要指导意义的研究人员之一。

与业绩比较基准相对比的基金业绩也体现了同样的正偏性。保罗·卡普兰（Paul Kaplan）和马切伊·科瓦拉（Maciej Kowara）的一项研究也戏剧性地证明了这一点。[52]基于全球5500个主动投资管理型股票公募基金样本的统计，他们发现从2003年到2017年的15年间，在扣费前，2/3的基金表现优于其基准。②但最令人惊讶的（也是最令人担忧的）是，表现出色的基金实际上在这15年中的

① 乔纳森·伯克和理查德·格林在他们的论文中提供了一个对于效仿指数的伪主动投资管理模式存在性的理性而富有学术意义的解释。他们在论文中论述道，对于基金而言，最为理性的做法是通过不断扩大其资产管理规模来获得与其选股能力相匹配的经济利益。虽然管理规模越大，基金管理费收得越多，但是给基金投资人带来的回报也可能越低。——作者注

② 这里我们用的是扣费前投资回报，而非扣费后投资回报，主要是由于不同国家的费率有很大区别。——作者注

9~12年表现并不比业绩比较基准好。这意味着15年的持有期内，获得较高收益的时期仅仅只有3~6年。[①]

他们还发现表现不佳的典型基金有着类似的结果：在这15年间，其表现优于基准的时间段为9~12年。由此他们得出的结论是，3年期、5年期和10年期收益并不是预测基金长期业绩的可靠指标，不应被使用。[②]对基金业绩如此重要的正偏性在较短的持有周期被隐藏起来了，只能通过长期持有才能发挥出来。

无论你如何设置时间段，过去的表现都不是未来业绩可靠的预测指标。那什么才是可靠的预测指标呢？在解决这个问题之前，我们先探讨一个大众普遍相信的观念：主动投资管理型基金经理缺乏获取超额投资收益的技能。

主动投资管理型基金经理的业绩都很糟糕，这是真的吗？

众所周知，主动投资管理型基金经理无法战胜市场，这是真的吗？我们对此说法不去争论。但是有一些非常有趣的隐藏数据值得你去关注。

---

① 这并不意味着一只典型的具有超额收益的基金在15年里面有9~12年是跑输比较基准的，但它也不是在9~12年的连续年份里面能跑赢比较基准，更为真实的情况是在有的年份会跑赢，在有的年份会跑输。——作者注

② 具有讽刺意味的是，晨星（Morningstar）的研究表明，用3年、5年、10年的过往投资业绩来挑选基金并不是最有效的，但恰恰是这些指标被用于其发明的明星基金评分系统中。——作者注

近20年来多项研究表明，许多主动投资管理型基金经理技巧娴熟，确实能通过精选个股来赚取超额收益。[53]其中最著名的学术研究是兰迪·科恩（Randy Cohen）、克里斯托弗·波克（Christopher Polk）和伯恩哈德·西利（Bernhard Silli）发表的相对权重法，他们发现具备“最棒想法”（best idea）的投资标的（“最棒想法”以投资组合中的最高相对权重来衡量），有着6%的阿尔法收益。[54]如图5.1所示，股票年化阿尔法收益随着“最棒想法”排名的下降而单向下降。

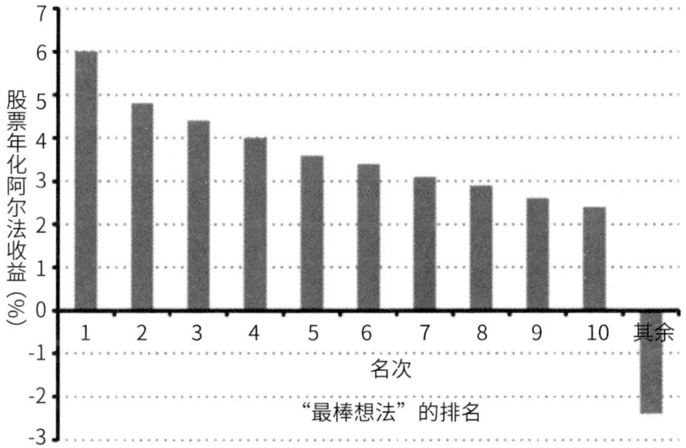

图5.1 “最棒想法”排名的股票年化阿尔法收益

图表显示，季报公布后，按各基金重仓权重排名的股票年化阿尔法收益加权平均值（六大因子风险调整后），第一组是持仓权重最大的，第二组次之，依此类推。统计数据基于所有1991年至2005年期间活跃的美国股票公募基金。

这就清楚地表明，主动投资管理型股票公募基金可以挑选出最佳股票，并对其潜在的收益表现进行事前排名，还能够相应地调整它们在投资组合中的权重。

科恩、波克和西利所提出的相对权重法，可以对主动投资管理型股票公募基金持有的每只股票的潜在回报进行排名。高排名组股票（即对其持有高信念的股票）对基金投资组合回报的影响见图5.2。如果一只基金将持仓前10只股票的投资权重提高了10%，则投资组合的回报可以提高61个基点（basis point, bp）。反过来，对排名前10 — 20只的股票增加10%的投资额，则投资组合的投资回报将提升23 个基点。但是，如果对排名20只之后的股票投入更多的资金，则基金收益会下降，如图5.2中最右边的柱状所示。

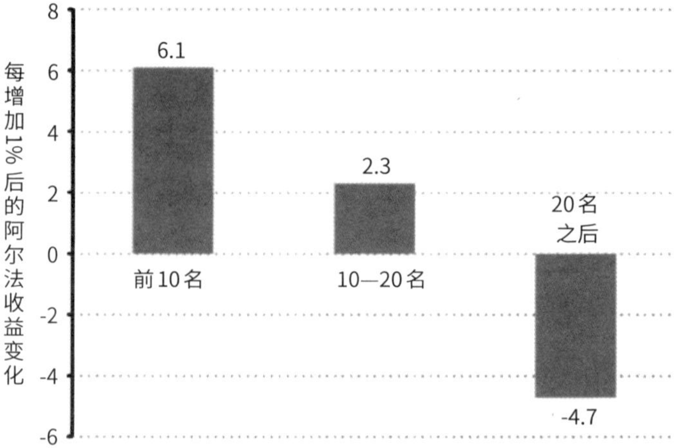

图5.2 提高“最棒想法”组合1%配置下的基金年化收益率

基于基金总阿尔法收益的单变量线性回归，数据采用2001年1月至2014年9月共计持有4 400万个股票*月的股票基金数据集。资料来源：晨星。

图5.2提供了进一步的证据证明投资于“最棒想法”股票可产生更高的超额回报。实际上，这意味着如果去限制基金持有“最棒

想法”的股票，就会对基金的阿尔法收益产生负面影响。如果继续持有更多非“最棒想法”的股票，则潜在的正阿尔法收益将转变为负数。

但是在资产管理行业中，基金销售体系充满了这样的限制。最终的结果就是基金销售体系让真正的主动管理型基金变为“效仿指数的伪主动投资管理工厂”，成为摧毁阿尔法收益的不可抗拒的力量。

确切地说，我们只是在谈论那些在基金内部或者外部运作分销体系的人。内部销售和市场营销团队需要与各种外部平台紧密合作，如经纪交易商（券商）、投资平台分析师（基金分析师）、注册投资顾问（registered investment advisers，RIA）和机构投资者。而这些合作方都会给投资团队施加各种破坏投资收益的限制。基金经理投资决策产生的回报往往被基金管理费用和各种外部限制所吞噬。

这就形成了我们关于基金投资管理的一个主要观念：

任何限制基金投资于“最棒想法”股票的做法都会影响基金业绩。我们应允许主动投资管理型基金经理自由漫步奇妙的股票世界，并始终如一地追求他们独有的投资策略。

这个观念将在本章后续部分中反复出现。

基金经理的行为是关键

很显然，仅靠过去的表现不能预测未来的业绩。但是，正如上一节所暗示的那样，基金经理的行为是可预测的。但基金经理行为的重要性并不为人所知，这将是以下各节的重点。

策略的一致性

基金经理的一项重要行为是始终如一地执行一个严格定义的投资策略。而投资者的挑战是如何衡量基金经理是否保持了这种一致性。一种常见的评判方法是看基金是否能随着时间的推移获得始终如一的稳定回报。但我们知道最好的基金有时会跑赢大盘，而有时又会落后于大盘。虽然对投资者来说，这种收益率的波动在情绪上有时是难以接受的，但这是投资于成功的主动管理型股票公募基金无法回避的事实。一个策略往往并不能在所有类型的市场中都表现优秀。

另一个常见误区则是将指数和业绩比较基准混为一谈。我们都坚信评估标准是必要存在，并且对标业绩比较基准的体系是合理和有效的。但是使用大盘指数作为业绩比较基准，并将追踪大盘指数作为投资策略来使用，就会影响主动投资管理型基金经理为客户赚取阿尔法收益的潜力。对我们来说，为什么不使用自定义的业绩比较基准来评估投资业绩呢？自定义的业绩比较基准是根据基金经理规定的投资范围而制定的，并受到他们实际投资策略的制约。

罗恩·苏尔兹（Ron Surz）在这方面做了开创性的研究，他提出的“投资组合机会分布”（Portfolio Opportunity Distributions，

POD）概念正是采用这种方法。这种基金业绩和风险评估的技术检查由基金经理在基金招募说明书中所说明的投资策略，并探索基金经理处于这些约束之下可能构建的所有投资组合，然后将这些投资机会的集合与基金经理的实际业绩进行比较。

这种方法将基金经理从与指数做比较的包袱中解放了出来。相反，对基金经理的业绩考核是根据投资机会集合来进行的。根据从投资机会集合中的择股能力则可以评估基金经理的能力。这样做的目的是解放基金经理，以最大能力来执行既定的投资策略。它额外的好处还在于将选择权交还给了客户，让客户在真正能提供高回报的策略中进行选择，而不是仅仅将选项局限在风格箱中。

相同策略投资者持股的相似性

衡量策略一致性的另一种方法是了解基金经理投资的股票类型。例如，去检查价值型基金是否真的投资了价值类股票，还是追逐了不相关的趋势去投资了成长型股票。

通过自上而下的分析过程，汤姆喜欢通过比较采用同类策略的基金经理们的持仓来评估其风格一致性。他会创建一个由这类基金经理持有仓位最多股票构成的股票池。例如，对于一个遵循价值投资策略的基金经理，其股票池主要是由各类价值型基金主要投资的股票所组成。

寻求相似特性的股票作为筛选标准的方法从直觉上说是有效的。

值得注意的是，这个策略股票池是不断变化的，因为基金经理们会根据不断变化的经济和市场条件调整买卖决策。一只股票留在这个策略股票池的平均时间为14个月。与固定的市值/估值的风格箱不同，基金经理需要不断调整买卖策略，产生一个动态的过程。基金经理最感兴趣的投资标的是不断变化的，这意味着当投资团队不断地努力追求符合自身策略特点的理想标的时，可获得最佳投资回报。

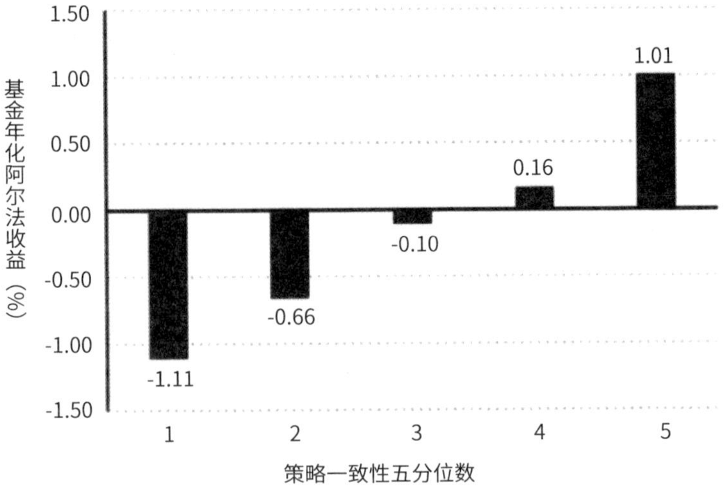

图5.3 根据策略一致性分组的美国主动股票基金年化阿尔法收益

策略一致性以基金持有的特定策略股票的百分比来衡量。样本包括1997年至2017年的美国股票基金，共288 000个月度基金数据。资料来源：晨星和雅典娜投资。

专注相似策略的股票不仅在逻辑上具有说服力，还能改善基金业绩。图5.3表明持有最相似策略股票的主动股票型基金（按图5.3中的第5组）的回报胜过那些持有各类不同策略下选出的股票组合大约212个基点。这也证实了参考其他具有相同策略思想的基金经理持仓是能带来好处的。主动型股票基金经理的集体智慧可以提供很有价值的信息，这些信息不仅对构建图5.1和5.2提到的“最棒想法”投资组合有用，还能识别出需要着重研究的、最具吸引力的股票池。

突破风格箱的框架

有人认为投资风格反映了基金经理的兴趣所在，但我们对这一观点表示质疑。因为在评估基金经理时，首先关注的自然是他们关于其投资策略的声明。

一些风格漂移和跟踪误差指标被创建用于评判投资经理是否严格按照风格箱的框架进行投资。这两种指标都无法用来预测基金管理的成功，尤其是这些成功往往是使用阿尔法收益来衡量的……但是它们最能预测基金的贝塔值接近1的可能性，或者预测成为一个效仿指数的伪主动投资管理型基金的可能性。

图5.3揭示了策略一致性的评判结果，这与基于风格箱判断一致性的结果形成了鲜明的对比。拉斯·沃默斯发现那些经历了最大的风格漂移的股票基金相比那些风格变化最小的基金在收益上要高出大约300个基点。[55]强行要求基金经理保持风格一致会损害他们的业绩，因为这强迫他们在自己的策略之外选择股票，并且只能跟踪风格业绩基准。

因此，请忽略风格箱。关注基金经理实际运用的策略以及这些策略在实施过程中创造阿尔法收益的能力。除非你能够证明某些基金经理的良好表现归功于他们谨慎地在其风格下运作，否则不要坚持在搜索基金经理时过多地使用风格箱，至少应避免采用风格漂移和跟踪误差这两个指标带来的偏差。

高集中度的股票池

如本章前面所提到的，如果某只基金能提高组合配置的集中度，则会有较好的业绩表现。

然而，典型的公募基金通常持有75只股票（持有数的中位数），因此过度分散投资的问题比较严重，组合中可能降低阿尔法收益的股票比增加阿尔法收益的股票数量要多了近3倍。

这为“主动投资管理型股票基金的资产管理规模不宜增长过大（不超过10亿美元）”这一论点提供了进一步的论据支持。同样这也说明了不必最大限度地减少跟踪误差、风格漂移和波动性，所有这些评判标准都是在鼓励过度分散投资股票。

一贯严格执行有具体定义的投资策略的基金，在持仓集中度高的时候业绩表现最好。如果一定要考虑历史业绩表现的话，它也只能在基金选择过程中起次要作用。我们应重点关注基金在策略一致性和持仓集中性方面的行为。

波动≠风险

正如我们前文所讨论的，波动性和风险不是一回事。风险普遍地被定义为产生损失的概率，而波动性（无论是用标准差还是贝塔来度量）并不衡量亏损的概率，它只反映围绕基本均值来回波动的加权平均值，或者是投资路途的颠簸程度。

这意味着具有出色业绩的基金，其波动性更大。这其实不是一件坏事。但是如果我们视波动为可能亏损的代名词，那么就会碰到以下问题：

- ▲ 我们埋没了某些表现极其出色的基金经理。不仅如此，这些人实际上是最出色的投资经理。
- ▲ 资产管理者们都渴望更大的资产管理规模，以充分利用其商业模型。因此，当基金经理被误贴上风险标签时，他们有强烈的动机不去追求过于出色的业绩表现。换句话说，他们很倾向于只是充当指数的影子，而不是成为真正的主动投资管理型基金经理。

以上结论并非只在短期内成立。如果标准差或者贝塔被误认为是风险的代名词，这些结论将永远正确。如果专门挑选基金经理的专业人士要坚持使用某种度量风险的指标来评估基金经理的业绩，那么我们强烈建议采用诸如半标准差（semi-standard deviation）[如索提诺比率（Sortino ratio）]或者半贝塔（semi-beta）之类的指标来真正度量风险。

专门挑选基金经理的专业人士们应尽量寻找基金业绩上行波动高而业绩下行波动低的主动投资管理型基金经理。一个简易的比值——业绩上行标准差与业绩下行标准差的比值是快速识别该类型基金经理的方法。或者专门挑选基金经理的专业人士可以简单计算基金经理业绩表现的偏度，并选取那些正偏度值较高的基金经理。

所以，我们建议放弃标准差和贝塔作为风险度量的指标。贝塔仍然可以用来衡量基金追踪业绩比较基准的紧密程度，但不能作为衡量风险的标准。

真正的个股风险

我们要强调的是，投资者投资个股的真正风险是发行股票的公司所面临的一系列风险。如果研究分析师或基金经理对公司充满信心，认为它们可以产生足够的收入来支付公司的运营费用、利息费用、资本投资成本，且在此之后还能有盈余的话，那么事实证明，证券价格波动的“风险”仅仅是交易证券的人的情绪波动所导致的。

正如我们在第一章中所论证的那样，大多数证券价格的波动并不是企业基本面变化所导致的。相反，股价波动主要源于投资者非理性或情绪方面的反应。

应确保主动投资管理型基金经理了解他们所投资的企业或证券所面临的真实风险。

主动型股票投资的机会

我们将始终严格执行既定的、定义明确的投资策略，并且持股的集中度较高的基金定义为最佳投资基金。但是，近年来许多我们定义的最佳投资基金的业绩表现却并不尽如人意。这就引出一个问题：精选个股的投资收益是否随时间周期的变化而变化。确实有大量证据表明，在某些市场环境下选股策略是有效的，而在其他市场环境下却并非如此。

学术研究证实了这一点。如拉里·高曼（Larry Gorman）、史蒂芬·萨普拉（Steven Sapra）和罗伯特·韦甘（Robert Weigand）、安提·派他及托（Antti Petajisto），以及安娜·冯·赖布尼茨（Anna von Reibnitz）的研究论文为判断当前市场环境是否有益于选股策略提供了评判依据。[56] 他们说明了回报率与选股技能的提升伴随着更高的截面股票收益分散度和偏度以及更大的市场波动率。通俗地说，股价横纵向的高波动性是选股者的天堂。

根据这些论文，汤姆创建了“主动选股机会”（Active Equity Opportunity，AEO）这一指标，用来衡量给定时间内情绪化群体的活跃程度。情绪化群体越活跃，选股技能带来的回报就越大，反之亦然。

AEO指标是以下四个组成部分按照比例处理后的加权平均值。四个组成部分按重要程度从高到低排列如下：

（1）个股横截面收益率的标准差。

（2）个股横截面的偏度。

（3）芝加哥期权交易所波动率指数。

（4）小市值股票的预期溢价。

图5.4展示了从1997年12月至2019年1月的AEO月度值。在此期间内的平均AEO为40，即大于40的AEO值表示更好的选股环境，而较低的值则表明投资环境相对较差。在这20年的时间样本中，从1998年到2006年以及从2008年到2010年，比较适合用精选个股来做投资。

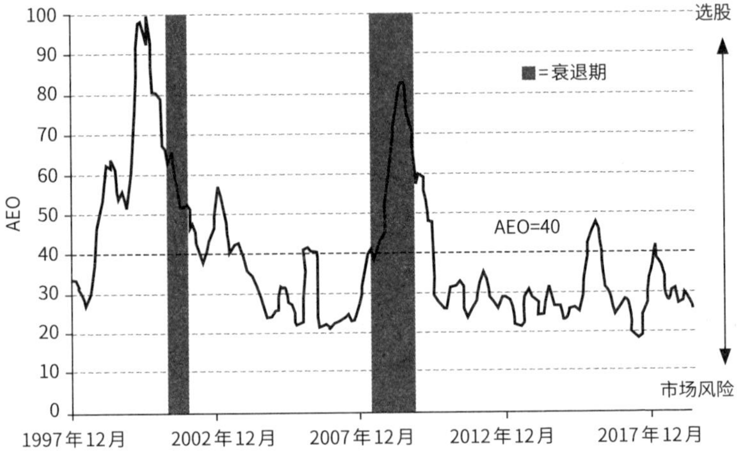

图5.4 “主动选股机会”指标（1997—2019年）

资料来源：晨星和雅典娜投资。

从图5.4来看，自2010年以来，AEO一直低于平均水平，在2017年中期跌至历史最低点18。此后该指标在2018年2月反弹至41，到2019年1月又降至28。

图5.4中灰色阴影部分代表国家经济研究局（National Bureau of

Economics Research，NBER，商业周期转折点的官方仲裁人）所定义的经济衰退周期。虽然看上去衰退期与更高AEO水平之间似乎存在某种关联，但是冯·赖布尼茨（von Reibnitz）基于1972~2013年更长时间周期的基金样本得出结论："……基金的活跃度和业绩水平受收益分散度驱动，这正好与商业周期波动相反。"即AEO对选股的影响在很大程度上与我们所处的商业周期的位置无关。

选股技巧虽然稳健，但回报不高

图5.5展示了AEO对两种股票的阿尔法收益的影响。一种是最佳基金（如前所述，那些真正的主动管理型基金）中最看好的股票；另一种是最差基金（如效仿指数的伪主动投资管理型基金）中最不看好的股票。表现最好的股票（约占主动股票型基金持有的所有股票的10%）通常被策略一致性高且仓位集中度高的基金持有，而表现最差的股票则通常被那些策略不一致且仓位集中度低的基金持有。"最看好"与"最不看好"的股票是通过汇总基金相对持有量来确定的。即使在较低的AEO水平下，选股技能带来的收益仍然保持强劲，且差异平均超过10%，这证实了基金经理确实有选股能力。选股技能带来的收益随着AEO的增加而增加，当AEO达到60时差异平均为15%。因此，无论当前经济和市场状况如何，基金经理的选股技能都真实存在。

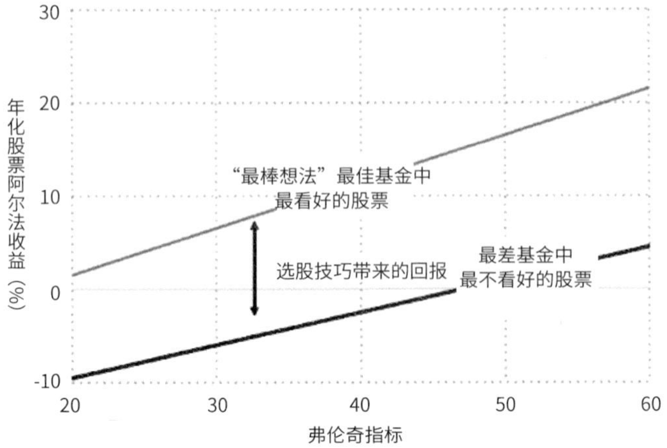

图5.5 选股带来的好处与AEO指标

阿尔法是法马和弗伦奇相对每月市场收益的股票收益净额，数据在肯尼斯·弗伦奇的网站上可以获得。图5.5至少反映了5只主动型公募基金持有的所有股票，数据为1998年1月到2017年5月的月度数据。样本包括约占美国上市交易一半的股票，每月观测值数量达数千万。报告的结果是两条回归线：每月的最好股票（或最差股票）的平均超额收益分别与月初AEO进行线性回归。在这段时间内，85%的时间内月度AEO的取值在20—60的区间内。数据来源：晨星和雅典娜投资。

然而，随着AEO的下降，越来越多的基金持有的股票产生了负的阿尔法收益。当AEO为20时，只有“最棒想法”（最看好）的股票（前10%）能产生正的阿尔法收益，而剩余90%股票的阿尔法收益均为负数。因此，即便最好的基金，即那些最专注于提高仓位集中度的基金，尽管其投资团队的选股技术非凡，在AEO较低时也可能表现不佳。这与传闻证据相吻合，即选股在某些市场是有效的，而在其他市场则并非如此。

对于那些寻找最佳基金经理，包括雇用资产管理团队的人来说，必须时刻牢记，在AEO较低的市场环境会降低高选股技巧带来的回报。在这个情形下，即便是技术娴熟的基金经理也无法打败市场。

本章回顾及下章展望

有堆积如山的证据表明，基金的历史业绩表现并不能用于预测其未来的业绩表现。然而，包括专业人士和散户在内的几乎每个人，都主要依靠历史业绩来选择投资基金。

相反，如果你希望有最大的概率选到一只表现出色的基金，那你的注意力应该放在基金经理的行为上，投资那些始终如一地执行既定的、严格定义的投资策略，且持仓集中度高的基金。

主动投资管理型股票基金可以识别“最棒想法”（最看好）的股票。根据未来的表现进行预先排名，并在投资组合中以此为权重进行配置。因此，应注意避免限制经理投资这些“最棒想法”（最看好）的股票。这意味着需要放弃使风格漂移、跟踪误差和波动率最小化的传统观念，并且要控制资金规模，使之不要增长过快。这些都揭示了如何专注于最看好的投资标的。让基金经理们自由漫步在股票市场中并始终坚持策略一致性。

高水平选股技巧带来的回报可能随市场条件的变动而发生变化，个股收益的横截面波动率可作为最佳的预测指标。

下一章， 我们将转向如何利用大数据来构建和管理投资组合的话题。

第六章　如何做好量化分析

挖掘可盈利的策略

做了长时间的思想斗争后，布鲁斯最终决定从一家大型投资平台的分析师岗位离职，并希望把主要的精力转到为终端客户构建能够带来丰厚收益的投资策略上来。

在之前的工作中，他同许多公募基金或者对冲基金的投资团队进行过访谈，因此他明白挑选股票时需要哪些技能或者资源。布鲁斯觉得，想要收集这些投资团队做分析时所依据的全部基础信息可能是很难的。因此，他决定专注于分析业界大量可获得的第三方数据库。这种途径对他这种认可量化分析法的人来说很有吸引力。

虽然可以获取大量的市场数据及个股数据，但布鲁斯意识到，单靠大数据并不能直接得出一个成功的策略。市场上有数以百计的异象被记录过，每个异象均可用于构建策略。这正是他拒绝接受有效市场假说的原因。但有一种广泛传播的看法认为，许多异象是数据挖掘的结果，是在使用强大而高效的统计软件包来拟合庞大的数据集。这可能会得到一些令人质疑的、不可复制的结果。况且，即便回测出来的收益是真实的，一旦广为人知，该策略肯定会被套利，进而失效。

行为所导致的价格扭曲

在做进一步研究时，布鲁斯把重点放在了由投资者集体行为偏误所导致的错误定价上。他计划使用大量的数据集来挖掘出一些可测且具有持续性的错误定价现象，并据此构建策略。布鲁斯想要找出这些定价扭曲现象背后的具体行为。他还必须考虑这种行为未来改变的可能性有多大，以及评估基金和投资者们专门利用这种错误定价现象做出套利操作的难易程度。

从哲学上讲，这意味着布鲁斯的思路不再遵循传统的基于现代资产组合理论的假设，即把价格变动归因于基本面的变化。取而代之的是，在他的新方法中，基本面和其他客观信息都扮演着幕后角色，代表着投资者的集体行为。

带着这些想法，布鲁斯开始构建行为投资策略。

当今世界充斥着大数据，基金经理在投资活动中也越来越多地使用大数据。很多投资团队利用第三方大数据来加强对原始基础数据的收集工作。学者们使用观测个体较多、观察时间周期较长的数据集来测试模型。这些模型基于经济学的第一原理，如利润和期望效用的最大化；同时也用于测试那些已被记录过的定价异象。有些人也会使用强大的计算机程序来搜索用于赚取超额收益的策略模式。

在这一章里，我们将讨论如何用大数据构建一个成功的投资策略。

构建投资策略

基本面分析师通常专注于研究某个特定板块或行业，因而在研发投资策略时思路和想法可能会受到这些板块或行业的限制。而在大数据及行为投资里，思路是非常广阔的。思路可能来自新闻报道、学术性和实践性的文章、与其他专业人士的讨论、网络研讨会、会议演示，以及其他来源。开放的思路很重要，因为下一个冒出来的好想法可能是你以前从未想到过的。

由此产生的想法是由一个可识别的行为因素驱动的，从而可以将你引向各种各样的方向。通常，在不同的开发、实施阶段会有一系列这样的思路。这将产生一系列投资组合产品，它们唯一的共同特征是它们均由行为所驱动。

想法检验

检验这些想法可能需要收集那些可公开获取，但尚未被聚合到商业数据库中的原始数据。我们称这些被聚合到商业数据库中的数据为“第三方数据”。第三方数据的优势在于通常可以直接得到观测个体较多、观察周期较长的标准面板数据集。例如，在数据库里可以得到数千只个股在数百个月内包含多个数据点的数据集，其中包含成千上万的观测数据。

数据库组建好后就可以开始进行统计检验了。目标是要确认投资理念是否在不同的情况下、在尽可能长的时间内都是有效的。通过查阅已经验证过类似观点的学术论文来证实你的发现一般是很有必要的[57]。通常情况下，你会发现有几篇论文已经探讨过你正想测试的想法。这样做的一个重要优点是，为了确定结果是否适用于各种情况，学术研究一般需要进行大量的稳健性测试，你不必再花精力进行如此全面的检验。

你需要对计划中投资策略的不同方面都进行检验，因为投资者、投资顾问和分析师会问你是否考虑过更多的方法。例如，使用均线来实施投资策略并不罕见，但你可能会被问到如何计算均线的时间参数。测试不同的时间长度来判断效果是一种很好的做法，这样当被问到时就可以做出解答。

统计显著 vs 经济显著

当然，我们不能保证最初的投资想法就是有效的。理想的结果是找到一个在统计上和经济上都显著的策略。如果这个想法在经济上是不显著的，那么即便它在统计上是显著的，也应该被否决。如果情况是，该想法在经济上是显著的，但在统计上是不显著的，那情况就不简单了。

当大数据与强大的统计软件包结合在一起使用时，就会出现数据挖掘的问题。就像某个笑话中说的那样，美国股市与阿富汗的骆驼数量有关。相关性并不一定意味着有效性或因果性。然而，只要数据量足够大，便可以从中找到很多的相关性。主要的挑战是要从中判断出哪些数据是可用的。

典型的解决方案是指定一个阈值，只有当样本统计计量超过阈值时才能被声明为在统计上显著。我们倾向于使用t值统计量，它是样本统计量与其标准误之比。[①]如果t值统计量的绝对值足够大，那么在一定程度上，我们可以说我们的结果不是偶然出现的。也就是说，这一统计量超越了金融市场里固有的大量随机性。这种随机性往往可能让我们与正在寻找的机会相遇，但另一方面，它也会是我们努力寻找机会时可能遇到的统计上的困扰。

为了得到t值，必须根据样本观测值来估计样本统计量及其相应的标准误。标准误表示我们可以预计到的由潜在随机性导致的估计量变化范围。举个例子，如果我们预计策略可以每年跑赢市场5%（样本统计量的估计值），标准误为3.5%，那么我们就有95%的把握认为统计量的真值落在-1%~11%的区间内。这是假设样本统计量服从正态分布，将估计量分别加减两倍标准误后得到的。经计算，其t值为1.43（5 ÷ 3.5）。

---

① 还有其他的统计量用于衡量显著性，包括p值（t值超过指定值的概率）、F平方（多变量t值检验）等。每个统计量的目标都是确定估计量是否足够大，从而保证不是随机事件的结果。——作者注

把信号从噪声中分离

一个重要的考虑因素是：相对其标准误，样本统计量的估计值与0之间的差异必须具有统计学意义。换言之，我们以标准误为单位来衡量估计量与均值之间的差。简单地说，我们想知道这个信号在随机噪声中到底有多强。

一个被普遍接受的阈值是t值必须大于2.0（如果估计量为负，则小于-2.0）。因此，上述5%的超额收益率在统计学上并不显著，因为它的t值只有1.43。

t值的阈值设置并不像它最初出现的那样客观。由于随机性的存在，我们无法直接断言一个样本统计量在100%的置信水平下不等于零。对于样本统计量的某一具体估计值，即便t值超过阈值，总体参数的真实值却有可能为0（被称为“第一类错误”），或者当t值不显著时，真实值却为正（被称为“第二类错误”）。为了减少第一类错误出现的概率，传统的统计分析只能以提高第二类错误的发生概率为代价，将阈值设置为2.0。换句话说，我们宁愿拒绝有效的策略，也不愿接受无效的策略。

当t值的阈值被设置为2.0时，我们有5%的可能接受实际上并不有效的策略，因为根据估计量服从正态分布的经典假设，真实值与估计量的差有5%的可能大于两倍标准误。但另一方面，我们拒绝了许多有效但t值的阈值基于2.0的不显著策略。减少拒绝有效策略的唯一方法是增加接受无效策略的可能性。你可以把它想象成一种游标尺。随着阈值进一步增加到0以上，我们拒绝了更多可盈利的策略，同时拒绝了更少不盈利的策略。在极端情况下，所有的策略无论盈利与否都会被拒绝。

确定经济上显著

样本统计量的经济意义至关重要。预估的收益是否足够高，足以覆盖投资组合的管理成本，进而产生更高的收益？一个确定每年比基准高出10个基点的策略，可能在统计上显著，但却不值得专门去构建一套投资方法。每个投资团队必须确定策略能给业绩带来多少提升才值得进一步的研究，或者换句话说，必须确定策略所要求的经济显著性。

考虑上面的例子，5%的超额收益率在经济上显然是显著的，但在统计上并不显著。在学术研究环境中，这个结果会被宣布为统计上不显著从而被拒绝。但在制定策略时，答案并不那么明确。这可能是第二类错误吗？如果是这样，一个可能比市场高出5%收益的机会就不应该放弃。

重大的经济显著性可能证明降低传统t值的阈值是合理的。在判断经济上的显著性何时超过统计上的不显著时，我们没有具体的标准，而是取决于每个投资团队。因此，提出一个具有重要经济显著性的想法也是很有作用的，尽管按照传统标准，这个想法在统计上可能是不显著的。

其他统计事项

最近，坎贝尔·哈维、刘彦（Yan Liu）和朱鹤庆（Heqing Zhu）的研究表明，学术文献中发现的300多个异象中有许多是相互关联的，因此t值统计显著性阈值应该从一贯的2提高到3，甚至更高。[58]虽然他们为这种变化提供了统计上的论据，但其不利之处在于，更多有效的策略将因此被拒之门外。他们的建议对学术界更有意义。构建投资策略所面临的经济上显著与统计上的不显著之间的权衡仍然存在，尽管可能存在修正的t值阈值。顺便说一下，坎贝尔·哈维、刘彦和朱鹤庆发现，即使采用更高的阈值3，300多个异象中仍然有一半在统计上显著。

关于大数据，需要记住的最后一点是，即使是最弱的关系也可能在统计上显著。这是因为，标准误与样本观测值数量的平方根成反比，随着标准误的减小，统计显著性会增加。基于大量样本的月、日以及高频报价数据的测试可以得出统计上高度显著的结果，相对更小的标准误，较小的相关系数显得更大。在这种情况下，统计上显著是没有意义的，只有具备经济上显著才是最重要的。

构建投资方法

一旦想法得到验证，围绕这个想法构建投资方法的过程就可以开始了。这包括决定特定的买卖信号、使用的证券和交易条款等。一套客观的卖出规则需要被研发出来，这是更重要的事项之一。专业投资者最常犯的错误是因为情绪而卖出，借助经过仔细研究的客观卖出规则，可以减少或完全消除这种错误。

套利的挑战

一旦接受了一个想法，构建了一个策略，那么接下来的问题就是由于套利而导致收益下降。策略一旦付诸实战，其他人就可能会开始追捧同样的策略。当别人与你一起用同样的策略进行交易，你在早期研究中发现的盈利机会就会减少甚至消失。

有效市场假说的支持者们认为，这种由套利驱动的交易意味着所有的超额收益机会最终都会消失。而实际的证据描绘出了一幅更微妙的画面。

纯套利（无风险套利）可以先利用各种投资工具创造出一份合成国债，然后与买入（或卖空）真实的国债结合起来。如果真实国债与合成国债的价格不相等，就有可能获得无风险、有保证的利润。套利者会迅速对此做出反应。然而，无风险套利的机会实际上只对规模最大、速度最快的参与者开放，因此大多数投资者无法从这些价格扭曲中获利。

一个例子就是著名的布莱克-舒尔斯期权定价模型（Black-Scholes Option Pricing Model）下的纯套利（无风险套利）机会。当持续买入理论公式计算出来的看多期权数量并同时持有标的证券时，一份合成国债就出现了。如果证券、期权和国债没有被正确定价，用短期国债为头寸提供融资将产生有保证的利润。由于这三种工具的流动性都很强，这种机会带来的收益很快就会被全部套利掉。[①]

风险套利

但上述这种强大的模型也有其局限性。当布莱克-舒尔斯公式的预测值与平价期权(即标的资产当前价格接近期权行权价格)的期权费相符，而与深度虚值期权不符时，这种现象被称为期权微笑曲线。由于期权的大幅“跳价”事件的概率是较难建模的，布莱克-舒尔斯模型严重低估了期权费。因此，深度虚值期权不能用于构建合成国债，从而不再存在无风险套利——相反，它变得更有风险了。

顾名思义，风险套利意味着需要承担短期投资风险，因此在消除价格扭曲方面效果较差。几乎所有金融市场中所谓的套利都是有风险的，除了期权、货币和其他市场中的少数情况。虽然投资者的套利活动可能会消除价格扭曲，但这种可能性并不大。套利者作为一个群体正在寻找接近无风险套利的机会，因此当这些机会变得有风险时，投资者的兴趣就会减弱。对于大多数潜在的套利者来说，如果他们需要几天、几周或几个月的时间才能获得收益，他们就会对追捧套利机会越来越不感兴趣。

---

① 传说在1973年出版之前，布莱克和舒尔斯根据他们的模型对错误定价的期权进行了交易。该模型很快被市场参与者采用，因此，在发表后不久，容易赚到的钱就消失了。——作者注

大卫·麦克莱恩（David McLean）和杰弗里·庞提夫（Jeffrey Pontiff）检验过市场消除收益异象的能力。如果套利是有效的，那么当异象被学术出版物公开时，较高的收益应该就会消失。但他们发现，在他们研究过的82种异象中，公开后超额收益的平均衰减率为35%，这意味着投资者套利的压力只消除了这些超额收益的1/3。[59]

为什么这些有吸引力的超额收益没有完全消失？

大量的学术研究已经探讨过这个问题，并确定了市场的状态以及证券的特征会使得追求套利收益变得困难和昂贵。我们称其为套利有限性（limits to arbitrage，LTA）。到目前为止，已经发现的套利有限性包括更高的市场情绪①、更低的机构持股、更大的特质风险、可供卖空的股票数量少、低交易流动性、高交易成本、小市值股票、低盈利能力、无股息支付以及更严重的财务困境等。

可以看到，有许多套利有限性阻碍了价格异象或我们所说的行为价格扭曲现象的完全消除。完全有理由相信，在可预见的未来，套利有限性将继续存在。

① 最有用的情绪指数是由马尔科姆·贝克(Malcolm Baker)和杰弗里·伍格勒(Jeffrey Wurgler)创建的,《股票市场的投资者情绪》,《经济展望期刊》(2007),第129—151页。他们的指数不是基于典型的情绪调查，而是基于6个衡量投资者实际决策的指标。也就是说，切实把你的资金押在你看好的资产上，而不是光说不练或言行不一。——作者注

在经过统计上和经济上的验证后，便得到了将投资理念付诸实践的一个很好的机会。包围在这个机会周围的套利有限性“护城河”越宽，它就越有可能持续有效。每个套利有限性的存在都是有理由的。对其中一部分来说，投资者的情绪是主要原因。作为一名成功的投资经理，你不能以套利者的思维去看待那些保护着你的投资组合的套利有限性。也就是说，在套利者不愿涉足的地方，你需要立刻进场获取收益。从广义上讲，你要持续对市场和证券持相反的观点，并且持有与那些回避情绪诱因的投资者相反的仓位。

另一个重要的套利有限性是由交易频率驱动的。许多投资者更喜欢对市场密切关注且对个股事件能迅速做出决策的投资经理（也可能就是他们自己）。这迎合了我们大脑固有的缺乏耐心的特点，也就是认知错误的根源，即信息谬误和控制谬误。①

由于短线交易（小时、天、周等）往往是“拥挤”的交易，因而一般不太可能产生太高的收益。与其他利用套利有限性的方法一样，最好避免其他人最常使用的交易频率。虽然很难一概而论，但在构建策略时，我们发现选择6个月到1年的持股周期效果最好。这段时间既足够长，可以避免“拥挤”的短期交易，但也足够频繁，从而可以充分利用不断变化的经济和市场状况。

---

① 许多“自己动手做”（do-it-yourself，DIY）投资广告充斥着各种媒体，证明了这些情绪驱动因素的普遍性。我们最喜欢的一个广告是一个婴儿在他的婴儿床上使用广告中的在线信息和交易软件做投资决定。——作者注

恒定波动率

恒定波动率（Constant Volatility）是一种由当前波动率指标驱动的投资策略。恒定波动率是基于与当前波动率成反比的变化敞口。例如，如果波动率是历史平均水平的一半，那么投资组合的杠杆率就可以加到两倍；而如果波动率是历史平均水平的两倍，那么意味着一半的现金用于投资组合。由于这种方法只依赖于公开的信息，而且很容易实现，所以这种简单的策略应该没有任何用处，因为超额收益会全部被套利掉。

然而，艾伦·莫雷拉(Alan Moreira)和泰勒·缪尔(Tyler Muir)发现，采用这种策略，美股投资组合的阿尔法收益为5%。他们还发现，该策略在因子、债券、期货和国际资产组合上也可以获得更高的收益。[60]恒定波动率的用处似乎很普遍。为什么恒定波动率在各种市场中均如此有效？莫雷拉和缪尔指出，当波动率变化时，投资者调整预期收益的速度是很慢的。因此，恒定波动率策略可以产生更高的收益。①

但套利有限性是如何使这样的投资机会得以持续的呢？杠杆的使用可能是关键。无论是机构投资者还是散户，在金融市场上普遍存在一种对使用杠杆行为的厌恶。这主要是出于情绪上的原因，

① 佩德罗·巴罗佐(Pedro Barroso)和安德鲁·德泽尔(Andrew Detzel)的研究表明，杠杆的套利有限性不能用机构持股比率和特质波动率来解释。——作者注

但在许多情况下，监管层和机构都禁止在投资组合中使用杠杆（监管层可以创造出强大的套利有限性）。对于业界的大型自营经纪商，以及许多退休金账户和信托账户，情况都是如此。杠杆的套利有限性是由投资管理行业的法律框架驱动的，因此短期内不太可能改变。

恒定波动率策略是一个既在统计上显著又具备经济意义的概念，因此值得围绕它构建一个投资策略。此外，巨大的套利有限性维持了这些机会，这已经得到了验证。下一步是构建一个具体的投资策略。

恒定波动率的变化

其实并不一定要根据波动率来改变投资组合的杠杆率才能利用这一机会积累长期财富。从1980年1月到2017年12月，购买并持有一个2倍杠杆的美股投资组合，产生了21.3%的复合年化收益率，比不加杠杆的组合收益率高9.5%。1980年初始投资1万美元后，2017年的最终价值超过1500万美元，而不加杠杆组合的最终价值只有68万美元！[①]

① 肯尼斯·弗伦奇的数据库(mba.tuck.dartmouth.edu/pages/faculty/ken.french/data_library.html)提供的日频市场收益率。日频市场收益率是根据纽约证券交易所、美国证券交易所和纳斯达克上市的所有股票的市值加权收益率计算得到的。2倍杠杆的收益率就是每日收益率的两倍。——作者注

为什么投资者不追求这种高利润率且易于实施的策略呢？原因之一如上所述，便是很多情况下业界都禁止使用杠杆；另一个是2倍杠杆投资组合的波动率要高得多，而投资者对波动率的增加有情绪上的反应。①

诸如夏普比率之类的基于短期波动率的业绩指标的广泛使用，也使得这种高回报的策略不被接受。尽管比无杠杆组合的年化收益率高了9.5%，但是2倍杠杆组合的夏普比率并没有表现得特别突出。请记住，复利收益已经解释了2倍杠杆组合增加的波动率。与使用杠杆后收益提升的较大贡献相比，2倍杠杆带来的波动率增加对复利收益率产生的影响就显得微不足道了。②[61]

相比对复利收益率的体现，夏普比率（复利收益率与短期标准差之比）过多地强调波动率的副作用。由于波动会引发情绪，而且这一指标鼓励人们关注长期收益vs短期波动，因而投资者会回避在投资组合中使用高收益杠杆。

---

① 从1980年到2017年最大的单日2倍跌幅是1987年10月19日黑色星期一的35%，而从2007年7月19日到2009年3月9日大萧条期间最大的单日2倍跌幅是83%（相比之下，无杠杆投资组合的跌幅为54%）。这两起事件都激发了投资者的强烈情绪，并促使他们保持低杠杆状态。注意，由于按日计算复利，投资组合的价值不会跌至零，除非一天的市场损失超过50%，这是1926年以来从未发生过的。——作者注

② 粗略地说，如果预期年收益率低于3%，那么2倍杠杆组合的复利收益率最终可能会低于无杠杆的复利收益率。——作者注

简单直接但情绪上难以接受

杠杆、波动、监管层、业界惯例和强烈的情绪聚集起来的相互作用产生了强大的杠杆——波动率套利有限性，一个需要构建在该价格扭曲基础上可能长期有效的策略。

但是很多人看到这个策略后，会产生许多情感上的原因来说服自己不去执行这个策略。作为执行此策略的基金经理，必须做到对此投资组合充斥着的负面情绪诱因充耳不闻。如果能做到这点，你将成为行业内少数群体中的一员。40年后，你将享受到比那些投资相同金额的执行买入并持有的人多20倍的收益。①而且这个策略实施起来很简单：买入并持有2倍杠杆的股票市场！②[62]

构建和管理这类投资组合证实了一个普遍的观点，即构建优秀的投资组合是简单的，但在情绪上是困难的。

那些寻找植根于行为并可能在一段时间内成功持续的定量投资方法的人，应该理解恒定波动率策略的特征（如上所述），并寻找那些具有相同特征的其他策略。

---

① 我们知道，即便是这一点也很难实现，因为许多投资者在股市频繁下跌的情况下抛售股票。——作者注

② 现在实施起来甚至更容易，因为存在大量的2倍杠杆的大盘ETF，例如带有股票代码SSO的2倍杠杆标普500指数ETF。有趣的是，经纪商不鼓励，甚至禁止长期持有杠杆ETF，因为他们并不每天准确跟踪基础指数。这就像用大锤子来对付一个微不足道的问题，进一步强化了本已十分严重的杠杆-波动率套利有限性。——作者注

利用大数据构建成功的投资策略

有成功运用大数据进行行为研究的应用吗？事实上是有的。我们下面讨论的基金公司主要是关注行为因子并进行大数据研究的，即便他们考虑到基本面和技术因子，也是把它们放在次要位置。

富勒-塞勒资产管理公司

富勒-塞勒资产管理公司（下文简称FTAM）成立于1993年，率先将行为金融学应用于投资管理。FTAM的投资策略主要关注美国小市值股票，历来业绩优异。更重要的是，FTAM的流程与传统的股票管理公司有着很大不同。

在个股层面，FTAM搜索那些可能诱使投资者做出错误行为的事件。投资者会犯错误，FTAM在寻找这些错误。可能产生买入机会的错误有两种：过度反应和反应不足。其他投资者可能对坏消息和财产损失产生过度反应（例如恐慌），或者对好消息反应不足（例如缺乏关注）。

FTAM相信，他们独特的视角和非传统的投资方式，可以为公募基金和独立账户客户们提供有意义的多样化投资。如今，该公司利用行为金融学的专业知识，管理和咨询超过90亿美元的资产（截至2019年3月）。

维尔纳·德·邦特（Werner De Bondt）① 和理查德·塞勒在36年前的《金融杂志》（*Journal of Finance*）上发表论文，首次提出了股市中存在的过度行为。[63] FTAM的策略是构建在这种经过仔细研究且具有持续性的行为价格扭曲之上的。由于FTAM已成功管理其投资组合达25年之久，在过度反应/反应不足的行为扭曲周围必然存在一条很宽的套利有限性“护城河”。[64]

雅典娜投资行为基金

该基金行为策略所依据的研究工作始于2005年，并确定了如表6.1所列的10种投资策略。为了获取更高的收益，这些投资策略被美国及国际上那些主动管理型股票公募基金所采用。每一种策略都围绕着一组特定的市场因子。

由此产生的数据库包括数千万个主动管理型股票公募基金的策略收益、持股和其他数据项目，其中一些数据项目可以追溯到40年前。这些数据聚集了美国及国际上3 000名主动投资管理型基金经理的集体智慧。我们面临的挑战是从这个庞大的数据集中提取有用的信号。②

---

① 维尔纳·德·邦特（1954— ），美国经济学家，最知名的行为金融学理论家之一，在芝加哥的德保罗大学创立了行为金融学研究中心。——编者注

② 策略数据库研究中出现了几个有用的概念。其中包括对理想的主动管理型股票基金行为的客观衡量（集中持有高确定性股票时的策略一致性）、策略股票池、最佳经理人的最佳股票理念以及市场晴雨表，这些将在下一节讨论。每一种情况都促成了投资产品的出色表现。——作者注

表6.1　每组的策略

竞争地位	经营原则，包括管理质量、市场影响力、产品声誉和竞争优势。考虑商业模式的可持续性和适应市场变化的过往历史
经济条件	基于经济基本面的自上向下方法；可以包括就业、产能、通货膨胀和工业产出。衡量整体经济是否处于商业周期，及其导致的不同行业的供需状况、最值得购买的股票
未来成长	与其他公司相比，公司有望迅速成长。未来成长与估值策略并不是相互排斥的，二者在投资过程中都是重要的
市场状况	考虑股票最近相对市场、类似的股票以及整个股票市场情况的量价情况
机会	可能存在于少数股票或不同时点上的独特机会。可能同时涉及股票和衍生品，也可能涉及使用相当高的杠杆。许多对冲基金经理遵循这种策略，但公募基金经理可能也是如此
盈利能力	公司盈利能力，如毛利率、营业利润率、净利润率和 ROE 等
量化	市场和个股定价存在数学和统计上的效率低下。涉及数学和统计建模，很少或根本不考虑公司和市场的基本面
风险	主要为了控制整体风险，所以增加收益是次要考虑的。考虑的风险指标可能包括贝塔系数、波动率、公司财务状况、行业和板块的风险敞口、国家的风险敞口以及经济和市场风险因子
社会因素	公司的道德、环境和商业惯例，以及根据当前的社会和政治氛围对公司业务的评估。投资经理可以自己寻找这些标准，以弥补选股上的不足
估值	根据会计比率和估值技术，寻找与同类股票相比价格便宜的股票。估值和未来成长策略并不是相互排斥的，两者在投资过程中都是重要的

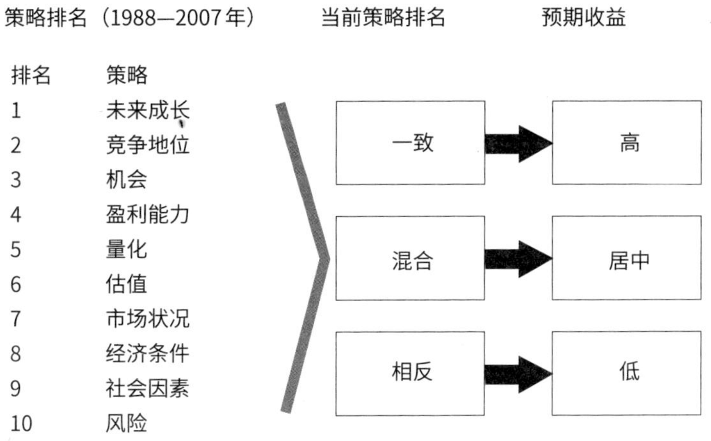

图6.1 策略排名及预期市场收益

雅典娜投资非常成功的“全球战略移动均线”主要基于每月的策略指数收益排名。事实证明，与长期排名相比，这些近期排名更能够预测未来的整体市场收益。针对1980—2010年期间的统计分析表明，这种可预测性在统计上显著，且具备经济意义。[65]

图6.1展示了策略等级与预期市场收益之间的关系。如果当前的策略排名与长期排名一致，那么预期收益率就会很高。这意味着投资者当前的投资策略与他们长期以来的投资策略是一致的。更具体地说，投资者更青睐未来成长型股票和具有竞争力的股票。这对市场来说是一个积极的信号，并促使预期收益率远高于10%的长期平均水平。

如果当前排名与长期排名相反，投资者在选股时则更看重风险、社会因素、经济条件和市场状况，而这些都是历来表现较弱的投资策略。这对市场来说是一个不好的信号，因为它表明投资者正在采取防御姿态，而不是关注股市的长期驱动因素。其结果是，市场预期收益率很低，甚至为负。例如，社会因素、风险和市场状况是2008年最重要的相关策略，这对市场来说是个坏兆头。我们都知道2008年发生了什么。

策略排名通常介于一致和相反之间，因此，美国股市的预期市场收益率在10%左右。策略排名是分别针对发达国家的全球市场和美国市场计算的，每一个都被证明在捕捉宏观层面的群体行为方面是有效的。[66]

哪些公司正在这样做?

富勒-塞勒和雅典娜投资只是在各自的投资组合中成功实施了大数据行为投资策略的两家公司。还有许多基金公司拥有一个或多个关注于行为的基金。

其中较为成功的是约翰·里德尔（John Riddle）管理的361美国小市值股票基金，基于30年的研究，该基金的量化方法利用了行为偏误来识别即将升值的股票。该基金相信证券价格会受一些被大众认为的专家意见的影响，而这些专家的行为遵循一种可预测的模式，因此该基金投资于那些未来可能受益于盈利公告和盈利预测调整的公司。[67]

本章回顾及下章展望

大数据为构建基于投资者行为的投资策略提供了机会，但这种努力却被金融市场中相当大的随机性所困扰。在决定构建方法之前，必须仔细研究投资理念。必要的研究包括使用观测样本众多、观察周期足够长的数据集进行检验。样本可以包括原始数据和第三方数据，后者更容易得到一个大数据量的多元样本。

最初的检验集中在相对基准的超额收益的经济意义和统计显著性上，这些超额收益是按照想要实施的想法得到的。经济意义，即收益率要远远高于基准，这是制定相关策略所必须考虑的。最好的情况是这个想法在经济意义与统计上的显著性同样很高，但也可能有很充足的理由去推进一个具备经济意义但在统计上不那么显著的想法。另一个问题是，使用大型数据库时，即便最小的优势在统计上也会变得非常显著。在这种情况下，只有经济意义才重要。

一旦构建了策略，投资者的注意力就会转向由于套利行为而导致的收益能力下降。最可取的是那些受套利有限性保护的策略。市场状况、证券特征和交易频率方面的套利有限性，可以使一种策略在可预见的未来持续有效。一些是由基本面因素驱动的，另一些是由监管机构驱动的，但大多数是由投资者集体情绪决定的结果。作为一个成功的投资经理，面对这些套利有限性，必须与大多数投资者做出相反的反应，并在受到来自客户及其他人不可避免的批评后，始终如一地奉行这种策略。

除了要构建一个宽广的套利有限性“护城河”，一个策略只有在一家努力让其发挥作用的公司里，才能持续有效。在下一章中，我们将关注那些能够实现这一目标的行为投资公司。

第七章　如何管理好主动型投资管理公司

公司组织架构的重要性

杨婉婷正在参加一个明星基金经理的宣讲会。这位基金经理刚刚被晨星公司评为10年内最佳基金经理。她在全神贯注地聆听这位基金经理讲述他是如何取得卓越的投资业绩的。

这位基金经理说:“我每天很早起床，一起床就开始阅读和分析不同网站的各种新闻。我不会放过任何一个关于我投资组合中公司的提醒邮件。对于我所投资的公司的每一份公告，我会从头到尾仔细阅读。我仔细分析公司的财务报表并建立基于现金流折现的估值模型。我会到公司实地调研并与公司管理层进行访谈，与此同时，我也会进行自己的独立研究。”

杨婉婷最终实现了她早前立下的目标——成为一名基金经理。最近几年，她的投资业绩非常不错。她开始对资产管理公司的组织架构产生兴趣。她想知道什么样的架构能帮助基金经理们获得最好的投资业绩。这位明星基金经理的演讲更加激发了她对于公司组织架构的兴趣。

投资管理公司之间的区别

基于自己的调查和经验，杨婉婷知道许多基金经理不可能完成这位明星基金经理所描述的所有投资研究工作，但她也很清楚基金经理的工作流程并非那么神秘。作为一名业绩优秀的基金经理，她深知优秀的投资管理公司和平庸的投资管理公司的区别在于企业文化。投资管理公司面临许多妨碍公司执行其既定投资策略的障碍，而优秀的公司文化将有助于扫除这一切障碍。

从许多年与研究员及基金经理的谈话中，杨婉婷深知执行并实施一个同企业价值观和组织架构不相符合的投资策略有多难。换句话说，投资管理公司自身也会阻碍旗下投资基金取得最好的投资业绩。

当杨婉婷问及这位明星基金经理，契合基金经理的企业文化和组织架构对他的成功有多重要时，基金经理回应道："天呐，这是最重要的！"

投资管理公司的组织架构很重要

至此，在本书中我们已经讨论了投资管理的整体策略（比较"现代资产组合理论"与"行为金融学"）以及一些当我们运用行为金融投资策略时可以使用的新工具。然而，我们相信投资管理公司的组织架构以及公司层面的决策，同样对投资研究团队的成功起着巨大的作用。

然而，无论是在学术界还是投资界，有关企业文化和组织架构的讨论都很少。简言之，公司必须给予投资研究团队足够的支持来提升他们的投资能力，并最终为其客户创造超额投资收益。

大多数投资管理公司有许多不同部门来履行不同的职能。在大多数情况下，这些不同部门相互独立地开展业务容易引起内部竞争、指责怨恨和相互抵触；又或，公司将非投资组合管理相关的工作都视为成本支出，而不是收入来源；亦或，企业从未花足够的时间确保各部门有效协作。这些不必要的摩擦往往会在投资基金运作层面产生影响，损害投资业绩，最终损害公司整体的绩效。

协调并聚焦核心利益

为了最大程度地发挥研究员和基金经理们的所长，投资管理公司需要进行细致的内部协调和更准确的聚焦，这其中涉及的部门和职能要求包括董事会、市场推广、信息技术支持和绩效分析。

董事会

在许多公司，在投资经理的业绩不是很好时，董事会通常不会给予足够的支持。对于暂时较差的投资业绩，董事会有可能和客户一样表现得很没有耐心。毕竟，董事会是为股东负责的。因此，公司需要花大量时间对董事会进行基本投资理念的教育，并耐心地解释为什么需要一定时间才能让投资策略产生理想的投资收益。除此以外，在招聘新的董事会成员时，公司的投资决策者需要对此有发言权和影响力。找到那些致力于为执行投资策略提供最强支持的董事会成员。只有这样的态度才能有效地将公司所管理基金的客户利益放在第一位，而将公司的整体利益放在第二位。

这样听起来似乎我们是在倡导董事会必须由一群对公司充满善意的内部人士组成，但事实并非如此。我们认为，即便没有任何内部人士的独立董事会也希望从那些没有真正为股东服务的、没有效率的季度董事会的对话中解放出来。

如果各个基金的投资策略已明确地说明，董事会的期望已清晰地确立，而且董事会的文化与公司投资策略保持一致，那么公司实际上可以更自由地专注于重要事项——执行既定的投资策略，从而最终为股东服务。

如果投资专业人员与董事会之间没有一致的利益并互相理解，那么这就可能成为投资专业人员与董事会在履行各自职责时不必要的障碍。不幸的是，当产生障碍时，往往是基金投资者的利益受损最严重。

我们建议：

- ▲ 要求董事会在季度会议上花时间来确保他们了解并熟知公司的投资理念和每只基金的具体策略。
- ▲ 向董事会详细分析、解释和分享公司优秀基金经理通常是如何获得优异投资回报的；通常，优秀的投资业绩需要很长的时间才能显现。

- ▲ 确保董事会知道所有主动投资管理型基金经理都有投资业绩不及业绩比较基准的时候。
- ▲ 召开董事会会议不应只回顾本季度的买卖决策，还需要让基金经理对未来值得研究员研究的标的给出反馈，并让他们发表对最近基金业绩表现的看法。
- ▲ 董事会需要开发出其他一些评价基金经理成功与否的指标和方法，不能仅仅关注基金经理的投资回报，也不能使用夏普比率、跟踪误差、风格漂移等有失公允的指标。
- ▲ 董事会向积极的基金经理提出问题，问他们如何持续适应不断变化的全球经济和资本市场环境。

销售和市场推广

经验告诉我们，投资管理公司销售部门的成员通常会获得佣金或其他销售类的激励措施。不知不觉中，在这种激励机制的鼓励下，销售们只顾着争取更大的资产管理规模，而忽视了新客户是否完全理解或支持基金的投资策略。这样的举动最终会让各方的利益都受到伤害。

如果销售部门主要是同券商合作的话，公司的资产管理规模的确可以迅速增长，但你几乎没有任何机会让基金客户信任公司的基金经理，以便让基金经理们在未来较长的时间内顺畅地执行其既定的投资策略。券商会向基金客户发出自己的信息，通常这些券商会极力将问题简单化。他们会简单地向基金客户说，“这个基金管理人符合这个风格”或者“这个基金经理过去一段时间的业绩名列前茅”，而不去详细解释研究员和基金经理具体使用什么样的投资策略和方法。

从长远来看，如果投资环境恶化，不利于公司所使用的策略，那么公司的资产管理规模极有可能迅速缩水——就如同之前迅速增加一样。这是因为公司资产管理规模的增加不是因为公司严格执行了既定的投资策略，而仅仅是因为公司在过去短时间内取得了过高的回报。在许多情况下，受了委屈和自以为是的客户再也不会回来，或者直到多年以后他们才会再次信任基金经理并购买他们的基金。

在一些投资管理公司从事直接销售的同时，许多公司也在进行间接的市场推广工作。然而，大多数投资管理公司广告的基调和类型是同质化的，与券商传递给基金客户的信息一样，侧重宣传公司基金的风格和回报。另一个流行的选择是描述未来的广告，在2018年左右开始风行一时。这类型广告给客户展示的内容大多是投资者通过投资公司旗下的产品从而实现了自己的梦想，如养老房产、游艇或异国旅行。从许多方面来看，这是更好的广告类型。但是广告的重要性不在于让研究员和基金经理拥有更多的资产管理规模来进行投资，而在于让客户在购买基金之前充分理解基金所使用的投资策略。

对于投资管理公司的销售部和市场推广部，我们的建议是：

- ▲ 通过严谨的学习和足够的培训来充分了解公司管理基金的投资理念。
- ▲ 考核标准不仅仅只参考新增的资产管理规模，更需要考核资产管理规模在公司所存续的时间长度，无论这些资金是从个人、机构，还是通过券商所募集的。
- ▲ 需要得到公司管理层和董事会的全力支持，以便能拒绝接受与公司所采用投资策略不相匹配的资金。投研团队也需要给予销售团队和市场团队足够的支持。很多时候，销售团队和市场团队以及一些第三方基金销售机构并不被公司的投研团队所重视，也很少有一起深入交流的机会。这种傲慢的态度不利于为公司客户创造长期财富。

投资业绩分析报告

投资管理公司的投资业绩分析报告如何能帮助投资研究人员呢？我们知道这看起来似乎很奇怪，但我们保证是理智的。对我们来说，如果一部分投资业绩分析报告制作人员不能帮助投资研究人员回答有关投资流程和绩效的问题，那将失去一个改进的机会。换句话说，那些日志型的投资业绩分析报告应该能够为基金业绩归因提供深入的洞见。

在杰森的投资管理生涯中，投资业绩分析报告仅仅提供每天基金相对业绩比较基准的表现。除了记录所管理基金相对比较基准上涨或者下跌几个百分点以外，投资业绩报告并无其他详细内容可供参考。然而，在意识到理解投资策略与业绩表现之间的关系是持续提高投资业绩的关键因素后，杰森开始关注每一种资产的详细表现。随后，他不仅会做一个复杂且全面的电子表格来记录每一天的业绩表现，还会去分析基金在多个时间段的业绩表现。这些分析帮助杰森逐渐提高了基金的业绩表现。一方面，他不断积累这些报告并从中寻找一些自己行为偏误的证据，以便不断总结经验教训并形成新的认知。另一方面，这些过往经验和独特的洞见可以帮助他在将来制作更好的分析工具，从而规避过去所犯的错误。

我们认为大多数的公司并没有安排专职人员来帮助研究员和基金经理每天提高投研能力。即便存在相关机制，也仅仅只是一些冷冰冰的书面报告，而不是一个活生生的能理解投资策略和分析投资业绩的人。这些报告无法回答一些复杂但是对投研团队能力提高非常有帮助的问题，例如：“我们是否将科技股卖得太早？”想象一下如果有这样能够帮助回答问题和分析投资业绩的专业人士作为支持，一个主动投资管理团队会变得多么的不一样。

有些公司甚至会为他们的投资研究人员聘请教练，并且组织一些职业发展和专业技能培训的活动。这些做法旨在帮助这些不断受市场困扰的专业人士更好地工作。所有的这些都始于更好的投资业绩报告。

我们建议：

- ▲ 让公司的一些员工获得“投资业绩管理证书”（Certificate in Investment Performance Management，CIPM），并且给予这些员工一定的资源和时间让他们获得旗下基金的详细业绩表现。
- ▲ 招募一些获得了“投资业绩管理证书”的员工。
- ▲ 鼓励分析师和基金经理构建自己的评估工具，从而理解他们投资中收益的多少是由哪些因素所决定和贡献的，如股票选择、组合构建、风险规避、低成本的交易、正确的买卖时点、行为偏误、重复犯的错误。

重要的公司层面决策

如果要释放全体投资研究人员的全部潜力，需要改变的不仅仅是公司的组织架构，以及协调并聚焦公司的核心利益。投资管理公司还有许多其他的重要杠杆可以用来改善投资业绩。

提高买方投资研究团队的地位

我们在本书中倡导的理念需要先行者——那些致力于帮助终端客户实现目标的人。没有人比买方机构的分析师和基金经理更适合成为先行者了。正是这些人来选择可以投资的股票池，来买入或者卖空资产，来构建投资组合以执行既定的投资策略。他们冲在最前线，帮助客户和公司获得盈利，他们的地位需要得到相应的提升。展望未来，他们需要恢复在股票选择和投资组合管理过程中所扮演的传统主导角色。过去很长的一段时间内，他们的技能被压制了。这是因为在过往，许多投资组合的管理并不是受既定投资策略所指引，而是受制于投资中介机构，其中包括投资顾问、基金分销机构、投资委员会等。这些中介机构希望基金经理们按照事先规定好的且异常严苛的投资风格来投资，以实现他们自己的资产配置方案。换句话说，投资组合管理已经变得更像是一个产品，而它需要重新变回为一个职业。

反对者可能会争辩说，我们希望提升地位的人正是那些应该被降低地位的人。但是，除非有人证明中介机构确实可以帮助客户实现最终目标，否则就没有理由去降低买方研究员的专业作用。根据汤姆等人的研究[68]，买方研究员其实非常善于选股。

将仓位集中在高确信度（high-conviction）的股票

研究表明，买方研究员非常善于选股。举个例子，买方投资组合中仓位最重的股票，往往是他们认为确信度最高的股票，并且正是这些股票给该投资组合贡献了最大的超额收益[69]。我们不难相信买方研究员对股票的高确信度是来自其对上市公司的深刻理解以及其对股票各方面的深入分析。实际上，投资组合中仓位越轻的股票，业绩也越差。平均而言，仓位排名（由重到轻）在20名以后的股票所贡献的超额收益为负。换言之，大部分投资组合的投资布局都过于分散。研究显示，这样的行为会影响投资业绩。

然而，受基金销售中介机构偏好的影响，许多投资管理机构在投资组合中买入了数量过多的低确信度股票，并认为这样做可以降低投资组合的风险，却忽视了这样做对投资组合获取超额收益是有害的。因此，公司必须重视那些研究员给予高确信度的股票，并且让他们的观点充分反映在投资组合对个股配置的权重中。

有多种方法可以确保这一结果。一种方法是调整公司的文化，才有可能让确信度非常高的股票配置到投资组合中。另一种方法是教市场推广部门如何向投资管理公司的利益相关者强调高确信度的股票对获得更高投资回报的重要性。有可能的话，也可以教育公司的董事会，以便他们了解集中投资于高确信度股票的重要性。

然而，如果投资组合中只拥有高确信度的股票，就会给那些在业绩表现优秀时成功获得大量投资的基金经理人带来问题。根据1940年《美国投资公司法》（US Investment Company Act of 1940）等法律的规定，对投资组合中权重占比最大（按成本计算）股票的最大仓位做了限制，这迫使基金经理不得不投资于他们认为的确定性不那么高的股票[①]。有关这方面的更多信息请见下一小节：不要过分追求资产管理规模。

汤姆的研究表明，大多数基金经理投资组合的分散并不是做得

---

① 《美国投资公司法》，美国证券交易监督委员会（Securities and Exchange Commission）（修改于2018年）。

很好（多数存在过度分散）[70]。根据他的研究估计，过度分散的程度每上升10%，投资业绩就会减少13.5个基点。此外，研究还发现，效仿指数的伪主动投资的程度每上升10%，投资业绩就会大约损失31.6个基点。因此，当基金业绩表现与其业绩比较基准表现的决定系数（r^2）增加时，投资业绩反而会下降。

不要过分追求资产管理规模

如果投资管理公司的商业计划仅仅考虑如何维持公司的资产管理规模，却给终端客户带来负面价值的话，那就需要重新考虑其商业计划。更具体地说，不能鼓励过分追求资产管理规模、跟踪业绩比较基准和过度分散化。为什么？因为这些都是效仿指数的伪主动投资的前兆。对于投资界而言，鼓励效仿指数的伪主动投资方式的投资体系显然是漏洞百出的。

相反，那些符合以下特征的基金才应该得到奖励：

（1）始终奉行明确定义的投资理念和哲学。

（2）坚持实施严格定义的投资策略。

（3）总是持有高确信度的股票。

这不只是投资管理公司的责任，还需要避免对基金销售生态系统中的参与者强加限制。因为这些限制有可能妨碍真正主动管理型投资策略的成功执行。我们认为我们已经证明如今是超越现代资产组合理论的时候了。因为现代资产组合理论为许多强加给基金的限制提供了理论依据，而这些限制是损害价值且无助于投资业绩的。

此外，如果基金经理们所管理的基金资产规模增长太大的话，尤其是在基金经理们找不到高确信度的股票，为了避免现金头寸而不得不投资于其他股票时（这也会带来风格漂移的问题），他们应该将股票基金转换成指数基金。多大资产规模算大呢？汤姆的研究[71]显示，对于主动管理型股票基金而言，接近10亿美元的资产管理规模就过于庞大了。限制新资金的流入也不失为一种选择，这样做的目的是为了确保其基金布局能完全聚焦于高确信度的股票。

不要过于跟踪基准

最初构建业绩比较基准仅仅是为了能基于事实评估投资业绩。遗憾的是，这已成为买方研究员和基金经理必要管理的目标。

为了强化这一点，中介投资机构还制定了一些完全自定义的衡量标准，包括投资风格箱、风格漂移和跟踪误差等。为什么？因为，这些机构希望基金经理坚守特定的投资风格，以便于把他们归类在特定的投资风格箱中。而这么做的目的是方便将基金经理作为他们总体资产配置计划的一部分来持续跟踪和管理，而该资产配置计划通常不会受到同等程度的审查和推敲。

然而，拉斯·沃默斯的研究[72]表明，那些遵循这种愚蠢规定的主动投资管理型基金经理的业绩往往比其管理的以比较基准指数为评估业绩标准的基金表现得更差。毕竟，主动管理型投资应该具备释放人类思维的能力。

那为什么还要使用这些折损客户利益且又不必要的约束条件呢?

克服这个问题的方法之一是根据基金经理实际采用的策略来创建更为合适的业绩比较基准，如第五章讨论“策略一致性”时所提倡的那样。同样，公司必须愿意按照这个想法改变他们的内部文化，并且愿意尝试改变股东、资产所有者、顾问、监管者等对公司的期望和认知。

先管理好基金，后管理好公司

取得惊人的优异投资业绩是困难的，但是更加困难的是搞清楚现代投资管理行业的复杂性。这个行业由一些规模庞大且多数已经上市的投资管理公司组成，有些公司旗下管理着数百只基金。

这些公司非常重视公司经营层面的管理，而相对忽略了基金层面的管理，这也意味着一个个独立的基金产品仅仅是更大投资组合中的小部分资产。从公司和公司股东的角度而言，这样做当然是合理的。毕竟，一家拥有50多个不同基金的投资管理公司，可能会为基金母公司及其股东带来更稳定的每股收益增长。但对于单个基金的个人投资者而言，这通常意味着他们得到的普通产品往往表现不佳。

为什么会这样呢？一些投资管理公司复杂的商业模式中隐含了一个假设：一家公司的主动管理型基金产品线中，总会有一定比例的基金在任何市场环境下都表现出色。市场营销部门会通过宣传过往业绩好的基金产品来吸引新的资金，从而增加公司的资产管理规模，并最终增加公司的净利润。而其他产品则被当作实现资产配置的工具。

你买入了我们的超级明星基金，但聪明的投资者还会将资产配置到固定收益和现金上。为了帮你省去买太多别家公司产品而需要做太多记录的麻烦，以及鼓励你将所有可投资产都交由我们公司管理，我们将为你提供返点激励，以鼓励你购买我们的其他（普通）产品。

简单而言，投资管理公司应该首先管理好投资产品，其次才是管理好公司的经营。这意味着，扩大资产管理规模的首选手段，应该通过管理旗下基金的优异投资回报来获得有机增长，而不是通过市场推广和销售新基金。这还意味着，单个基金不应仅仅被视为公司资产管理规模的来源，还应被视为需要向终端客户所履行的承诺。这可能还需要重新设计公司的激励机制。

正确的招聘、升职和加薪

正确的招聘

一个高质量的候选人可以拥有许多能力。然而，根据我们多年的经验，成功的投资管理专业人士需要具备三种全面的能力：

（1）将世界看作它本来的面貌，而不是将世界看成自己倾向的样子。

（2）对于自己的理解很果断，有决断力。

（3）对于不断学习和自我提升抱有浓厚的兴趣，且学习和自我提升是基于对自己投资成功和失败的持续评估。

显然，这三种技能彼此之间有着很大的不同，在很大程度上它们将研究员的工作与基金经理的工作进行了区分。

研究员需要看到世界原本真实的面貌，而不是将认知仅仅停留在他们所希望看到的样子。这是高质量研究的开始。它特别强调了行为偏误的作用，及其对投资过程的重要性。这也是为什么招聘可以成为行为金融学书籍中的一个相关话题。

基金经理也需要与研究员有一样的技能。然而，在很大程度上，他们是投资决策的执行者，因此他们需要果断。最后，所有主动投资管理型基金经理都需要有进取心，以适应不断变化的世界。

我们的建议是：

- ▲ 通过考察应聘者的创造力，来雇用那些有独特观点的人，而不是那些仅仅具备计算自由现金流贴现能力的人。问问他们曾经做过哪些富有创意的事情。
- ▲ 雇用那些表现出强烈好奇心的人，这点可以通过他们所知道的学科广度及他们不同寻常的兴趣来衡量。问问他们对什么着迷。
- ▲ 雇用那些表现出自省，且有自知之明的人，因为他们更有可能拥有果断所必需的毅力和信心。询问他们自我发现的过程。

▲ 雇用那些不断学习和自我提升，并引以为荣的人，他们这么做完全是出于内在驱动，而不是因为外在的要求；询问他们目前更有兴趣了解的是什么，以及他们过去痴迷于研究什么。

正确的升职

投资管理公司需要根据员工执行工作职责的能力来提拔他们，而不是根据一些武断的等级制度来激励他们的晋升。例如，一名研究员最适合做分析和研究工作，并且他的研究质量能超过市场上92%的研究员，那为什么要将这样的人升职为基金经理呢？难道只是为了给他更高的职位或给他一个加薪的理由吗？

相反，我们的建议是你应该只给他加薪。事实上，扩大一个成功的基金经理的工作职责范围可能会损害他后续的投资业绩[73]。如同前文所述，许多公司的做法是提拔基金经理到投资委员会，或使其成为首席投资官。这样做不是因为他更加适合新的职位，而只是为了给他提供更大的加薪空间。

我们认为还有很多行为有助于投资管理公司的长期成功。我们还认为，企业不仅应该开始制定严格的投资回报目标，而且应该制定保障员工职业发展和企业长期健康经营的软目标。在上一节中，我们讨论了一些对于研究员的最终成功至关重要的技能。公司应该保证这些技能的展现将是员工绩效评估和升职的一个影响因素。

正确的加薪

很明显，薪酬激励的时间范围应当与投资策略的时间范围相一致。我们认为，薪酬和奖金应该按照时间段来发放，时间越临近考核末期，发放数额应该越多。的确，年度奖金是应该发放的，但是更好的长期投资业绩回报才配得上更多的奖金和薪酬。

没有什么比构建一个真正奖励优秀工作结果的薪酬和福利体系更有效的了！在我们看来，一个出色的研究员就应该比一个不够出色的基金经理赚得更多。事实上，一个典型的研究员通过选股为基金贡献的投资回报，高于一个典型的基金经理通过构建投资组合贡献的投资回报[74]。当然，如果员工得到正确评估的话，只有那些真正符合担任基金经理条件的人才有可能成为基金经理。让工作类型和员工的智慧、能力及技能相匹配才是成功的关键。

其他对投资管理业绩至关重要的员工亦是如此。对于公司产品的销售人员和市场营销人员来说，他们的升职和加薪取决于他们为公司带来了多少正确和合适的投资者，而绝不是取决于他们带来的投资者数量。想象一下，一个合理的薪酬架构应当是，公司的销售和市场营销人员的薪酬和福利，应该取决于他们所带来的资金投资于公司产品的时间长度。假设一位营销人员给公司带来了5 000万美元，而这笔资金偏好价值型的投资策略。于是，这位营销人员应该在以下情况下获得更多的长期奖金：

（1）所带来的客户长时间投资于公司的产品。

（2）所带来的客户在市场表现低迷时追加投资了公司的价值策略型基金。

（3）所带来的客户在市场下跌时没有赎回所购买的基金。

换句话说，我们敦促投资管理公司在如何考核和升迁员工方面变得更有创意。此外，营销人员经常被排除在高管职位之外，但如果他们真的为公司带来了巨大的价值，那他们就有资格获得这些职位，而不仅仅是投资和研究人员才可以。

另一种鼓励长期投资回报的薪酬方案是引入投资业绩报酬（performance-based fees）。我们强烈推荐基金按照高水位线（high water marks，HWM）条款来提取业绩报酬[①]。换句话说，在我们看来，那些业绩相对好于基准，但仍在令客户亏钱的基金经理，不应得到过高的薪酬。有一种理论认为，主动投资管理型基金经理在市场整体下滑期间表现更好。利用这点的一个方法是改变基金的收费结构，来鼓励基金经理在市场低迷时期努力赚取超额收益。如果基金经理不能提供比比较基准更好的业绩（例如，在类似的时间段内，一个评级较高的国债的回报率），那他就不应获得任何投资业绩报酬。

① 基于HWM条款的业绩报酬在每个季度、每半年或者每年支付一次。如果基金在某一期发生了亏损，由于HWM条款规定了不得重复提取业绩报酬，下一期的收益必须在弥补了上一期的亏损，并且使得基金净值达到历史最高水平之后，基金经理才可以从超过历史最高水平的资产增值中提取业绩报酬。——译者注

本章回顾

本书的最后一章集中讨论了公司层面的组织架构和决策，这些都需要落实到位，以确保与公司既定的投资管理策略保持协调一致。如果没有这种协调一致，其中的摩擦肯定会损害基金的超额收益和整体投资回报。

关键的考虑因素是，首先管理好单个基金产品，其次才是管理好公司；确保将投资和研究人员视为公司每个部门的内部客户来对待；改进并改善投资和研究人员的招聘流程和方法；寻找具有好奇心和系统化思考能力的候选人作为投资和研究人员的招募对象；给那些很好地执行公司既定投资策略并能取得优异业绩的员工升职和加薪。

总 结

由于越来越多的资金流入了低成本的被动管理型产品，主动管理型股票基金近年来面临着很大的挑战。导致资金流向被动投资基金的主要原因是，以现代资产组合理论为理论支持的效仿指数的伪主动投资管理模式越来越受到业界的推崇，最终使得主动管理型基金的业绩表现不佳。投资者们已经意识到了这一点，并开始从主动管理型基金中撤离。

与此同时，另外一个相关且平行的进化正在发生，资产管理行业的投资理论基础正在从现代资产组合理论逐渐过渡到行为金融学。这两个趋势性的转变，对于当下选择及评估主动管理型基金的生态体系形成了挑战。然而，另一方面，这也为能适应变化的主动管理型股票投资团队提供了新的机遇。

本书主要写给那些具备或希望具备以下特征的资产管理团队：

（1）成为真正的主动管理型投资者。

（2）努力为客户创造超额收益。

（3）避免效仿指数的伪主动投资管理模式。

我们提供了一份如何做到拥有以上三项特征的行动方案。

我们的底线是，一个真正旨在获取超额收益的主动投资管理型基金经理，必须被允许长期持续执行被严格定义的投资策略。换句话说，投资者和业界必须允许真正主动投资管理者的回归，以便他们追求“最棒想法”的股票。

真实地看待市场

我们的出发点是真实地看待市场，而并非像其他人那样把市场看成他们所想的样子。我们明确了四个行为金融市场的理念。

（1）市场价格（短期波动）主要由情绪化的大众所推动。

（2）投资者是非理性的，金融市场信息不是有效的。

（3）市场中存在成百上千种由行为所导致的价格扭曲（异象）可供投资者利用。

（4）控制情绪是决定长期财富最重要的因素。

我们透过行为的棱镜来看待市场似乎是倒退了一步，但这样做其实是为投资决策提供了更为可靠的基础。其原因是，人们很难改变自身的行为，尤其是作为一个群体的一部分。

行为理财顾问

本章的开篇，我们讲述了理财顾问所扮演的行为教练的角色。行为教练主要的作用是帮助客户规避掉那些严重损害长期财富积累的过度情绪化决策。重要的是，理财顾问需要鼓励客户不要对短期的波动、回撤和跟踪误差做出反应，从而形成一种长期的投资组合管理的理念。

我们认为最成功的理财顾问应该是行为理财顾问。行为理财顾问的工作核心是帮助客户做出有利于长期财富积累的决策并在整个过程中给予必要的教育和鼓励，而其他的工作可以外包给其他合作方，包括投资管理。这样行为理财顾问成长得更快，并且最终能获得富有而忠诚的客户群。

增加了行为控制的投资流程

为了真正让主动管理型投资起作用，投资专业人士们必须成为他们自己行为的主人。具体而言，在投资流程中有三个关键点对于提升投资回报起到重要作用：

（1）尽量减少接收带有偏见的信息和数据。

（2）更加全面地度量基于信息和数据得出的观点和结论。

（3）多利用工具和行动来帮助我们聚焦思考，例如冥想练习，或者是运用能帮助我们聚焦思考的软件。

增加了行为控制的基本面分析

隐含在财务报表中所有形式的企业与市场的沟通，包括年报、新闻稿、公告等，均为企业运营者行动、行为、选择、决策和伦理的体现。因为个人的习惯非常难以改变，即便是经验丰富的公司高管亦是如此，而企业文化就更加难以改变了。因此，对企业高管和员工的行为以及企业文化进行分析，能够让投资者形成独到且关键的深刻见解。简言之，在基本面分析过程中，对于行为相关的定性分析与对于财务的定量分析是同等重要的。

实现真正的主动管理型投资

产生优秀投资收益的关键是专注于一个投资团队所选取的“最棒想法”股票。任何妨碍这种专注的行为都会影响投资回报。当基金经理被要求管理短期波动、回撤和跟踪误差的时候，就会牺牲投资业绩；当基金经理被要求保持一种外界所规定的投资风格，而这种所谓的风格却与其自身的投资策略毫不相干时，投资业绩也会受到损害；当基金经理被要求紧密跟踪一个指数时，投资业绩同样会受到损害，因为你无法通过复制一个指数而获得超越指数的投资回报。

以上这些限制是那些采取效仿指数的伪主动管理投资机构所采用的。我们将这些机构称作“效仿指数的伪主动管理投资工厂”。由于使用了基于现代资产组合理论所衍生的指标，如波动率、贝塔、相关性、夏普比率、信息比例、跟踪误差等，这些“工厂”里的分析师们放弃了主动管理型投资经理所必备的挑选股票的技能。在许多情况下，由于基金销售渠道过分重视这些基于现代资产组合理论所衍生的指标，导致只有那些仿指数投资的伪主动管理投资机构才能通过基金销售渠道的筛选流程。

相反，我们认为资产管理行业的整个生态系统需要重新聚焦于基金经理的行为。那些长期坚持执行一种被严格定义的投资策略，并专注于集中投资高确信度股票的基金经理将获得更加优秀的投资业绩。基金经理的行为是预测其未来基金业绩回报的有效因素，而非过往的基金业绩。

简单而言，让股票基金经理回归真正的主动管理投资模式以获得最佳的投资业绩。

驾驭大数据

投资管理行业的许多环节都会用到大数据，股票投资组合管理过程中也越来越多地用到。当构建一个基于大数据的投资策略时，我们面临的挑战是数据的噪声和过度的数据挖掘。

潜在的策略想法来自许多不同的渠道，其中包括业界文章、学术论文、同其他专业人士的讨论、行业会议和学术会议等。一个可信的量化投资策略必须通过尽量长的时间序列和尽量大的截面数据的检验，并且要在统计意义上显著，同时还要符合经济学原理。符合经济学原理比在统计意义上显著更加重要，在有些情况下，一些符合经济学原理但是在统计意义上不那么显著的策略依然可以在投资实践中运用。

一旦实施了量化策略，基金经理就需要关注其他的投资者是否也会采取相同的策略，从而导致该策略所带来的超额收益越来越小。但实际上，由于套利有限性的存在，超额收益很难完全消失。最好的投资策略应该是在可以预期的未来受到很宽的套利有限性“护城河”的保护，令其超额收益会存在很长时间。成功实施最好投资策略的关键是，基金经理不能对套利有限性做出与其他人一样的反应，所以在做投资决策时需要保持逆向思维。

投资管理公司组织结构的重要性

本书最后一章主要探讨，为了实现最小化偏误，更重要的是，为了通过高超的选股技巧来获取更高的收益，投资管理公司必须构建更优的公司组织架构。

本书已经提出从行为金融市场到理财顾问，再到加入行为控制的基本面分析和主动股票基金的评估与选择，还有驾驭大数据以及投资管理公司结构所面临的问题。此外，针对上述的每一方面，我们都为如何构建一个有助于主动型股票投资管理产生阿尔法收益的生态体系提供了具体的解决方案。

主动管理型基金的转型过程并不轻松且需要时间，但最终这将为我们的终端客户提供卓越的投资业绩。

现在，让我们一起朝着这个目标前进！

译后记一

我与行为金融学之缘

刻骨铭心的金融危机

经过了在温哥华4年的经济学本科和在洛杉矶2年的数理金融硕士训练后，年轻气盛、踌躇满志的我于2006年去了纽约，如愿在位于华尔街60号的德意志银行美国总部找到了一份金融分析师的工作。2007年夏天的一个下午，我的主管在交代完工作后，向我随口提道："我从业十几年了，从来没有看过像今年夏天这样动荡的市场。一般而言，夏天都是交易的淡季……也许有什么很奇怪的事情将要发生。"初入职场的我对他的论断似懂非懂，但他当时说话的表情和语气我今日仍记忆犹新。很不幸，主管那时的预言很快成真了，奇怪甚至可怕的事件接踵而至。2008年9月14日，雷曼兄弟在美联储拒绝提供资金援助后提出破产申请，而在同一天，美林证券宣布被美国银行收购。接下来，整个华尔街陷入恐慌，谁也不知道下一家倒闭或是被接管的投行会是谁。谁也不想承担交易对手即将倒闭的风险，突然间，华尔街所有投行的交易量骤减。这两件事成为2008年9月全球股市大崩盘的导火索，拉开了一系列足以被记入历史的经济和金融事件的序幕。在人性的贪婪和恐惧面前，所有基于理性人假设和数学模型的风险控制手段都显得不堪一击。职业生涯的头两年，我便亲身经历了金融危机，这既是不幸又是万幸。不幸的是，我在很年轻的时候就遭遇了金融市场中的挫折；万幸的是，在职业生涯的早期，我就刻骨铭心地体会到金融市场中的非理性行为无处不在，从而对市场产生了强烈的敬畏之心，也深深地意识到只有无时无刻地保持谦卑，才能在市场上长期存活下来。

反思与行为金融

经过多年传统经济和数理金融的专业训练，我相信人是接近理性的，而市场风险是可以通过精妙的数学模型来合理管控的。但2008年全球金融危机让我切身感受到了非理性的真实存在，以及其对金融投资的负面影响。目所履历与“象牙塔”中奉若经典的理论截然相反，我不得不开始反思。通过家人和朋友的引荐，我在一次聚会中结识了黄明教授。黄教授曾担任长江商学院教授、上海财经大学金融学院院长和斯坦福商学院教授，目前是美国康奈尔大学金融学的终身教授及中欧商学院的金融学教授。他不仅在学术界声名显赫，在投资界也成绩斐然。在交谈中，我得知黄教授的最新学术研究聚焦在一个新的领域：行为金融学。黄教授告诉我，行为金融学假设人是非理性的，这个假设与传统经济学和金融学大相径庭，却更加贴近真实的世界。黄教授的观点与我在业界的体会不谋而合，可谓醍醐灌顶。直觉告诉我，行为金融学也许能更加准确地描述真实的金融市场，并更好地指导金融投资的实战。

不仅渺小的我在反思，整个学术界也在反思。迄今为止，诺贝尔经济学奖曾授予三位行为经济学家。他们分别是：丹尼尔·卡尼曼（2002年）、罗伯特·席勒（2013年）和理查德·塞勒（2017年）。德国著名物理学家、量子力学的重要创始人之一马克斯·普朗克（Max Planck）有过这样的一句名言："科学跨过一次次葬礼而前进（Science advances one funeral at a time）。"一个新的科学真理取得胜利，不止于让反对者信服，还要接受时间的检验，耐心等待熟悉它的新一代科学家成长起来。也许，行为经济学成为学术研究的主流还要经过很长的时间。但近年来行为经济学的研究正逐渐得到经济学界的重视，越来越多与行为经济学和行为金融学相关的学术文章在顶级的学术期刊上发表。

行为金融学更加适合中国的资本市场

资本市场在金融市场中具有牵一发而动全身的影响力，其发达程度体现经济发展水平。随着中国经济和社会的发展，以及中国国际影响力的提升，中国资本市场的重要程度在不断提升。中国证监会原主席肖钢在2020年的一次论坛发言时表示："党中央从来没有像现在这样重视资本市场。"我认为，行为金融学能更好地辅助中国资产市场的健康发展。

首先，中国股票市场交易量的大部分为散户所贡献，而相较于机构投资者，散户更容易情绪化。以行为金融学为指导的政策指引能规避一些非理性行为，从而使市场变得更加高效和健康。

其次，中国居民财富正逐渐从房地产资产转移至金融资产。金融资产的流动性相比较房地产更好，但是金融资产的持有者也更加容易受到情绪的影响而做出一些非理性的投资操作。所以，学习必要的行为金融学知识能帮助我们避免一些非理性行为。

最后，多年的股票市场分析师从业经验让我深信，行为金融学能更好地指导在中国资本市场的投资实战。在担任分析师的职业生涯中，我发现A股和港股市场总是会出现基本面没有大的变化，而股价却被情绪牵动而大幅波动的情况。我们如果能做到以行为金融学为指导来洞察市场中涌动的情绪，从而控制好个人的情绪并保持理性，就能收获大量的投资机会，并通过自己的理性行为而让市场变得更加有效率。

翻译本书的初心

系统介绍行为金融学在投资管理行业中的应用

我与我的合作者李玲芳教授（复旦大学管理学院产业经济系副主任、谦璞投资的首席科学家）都深信前沿的行为金融学研究能够发挥其在资本市场的价值，协助做出更优的投资决策。我和李教授一直致力于应用行为经济学和行为金融学的学术研究，关注前沿研究成果。但是当我们给客户、员工、合作伙伴、学生或面向社会大众系统性地描述行为金融学的价值和应用方法时，我们发现市面上几乎没有系统、全面且通俗易懂的书籍和资料，直到我们发现了本书，深受裨益。

管理财富，追寻幸福

管理财富是为了获得幸福。基于这样的理念，2015年我与志同道合的伙伴一起创办了谦璞投资。也正是基于这样的理念，我们向同事、同行们推荐此书——将行为金融学的知识融入日常的投资研究工作中将大有裨益；我们向客户推荐此书——利用行为金融学的知识将更有效地规避投资中的行为偏误，从而做出明智的金融决策；最后，我们向广大金融市场的参与者推荐此书，进而使更多人意识到市场的非理性特征并习得管理自身非理性行为的方法和手段，以便更好地参与市场、监督市场。我们希望能帮助本书的读者审视和优化自己的投资行为，让我们的金融环境更健康、有效地发展，尽己之力帮助我们的社会变得更加美好。

最后，我要向为翻译本书做出重要贡献的陈磊、王荻和徐思远等谦璞投资的伙伴们表达真挚的感谢！

陈　实

2021年5月于上海

译后记二

在加州大学尔湾分校（University of California, Irvine）经济系硕博连读期间，我通过导师唐纳德·萨利（Donald Saari）教授组织的数理行为科学系列讲座和会议，开始接触行为经济学和实验经济学。当时，我的导师不仅是经济系和数学系的资深教授，还是数理行为科学研究所（Institute for Mathematical Behavioral Science，IMBS）的负责人。数理行为科学研究所是一个校级跨学科平台，由著名数理心理学家、美国科学院院士邓肯·卢斯（Duncan Luce）创办，后续转交给同样身为美国科学院院士的唐纳德·萨利教授负责。该研究所里除了经济学、管理学和数学系的教授之外，还会集了心理学、逻辑与哲学、社会学、人类学，甚至生物学的教授。在读博期间，我几乎每周都会参加由该中心组织的跨学科讲座。尽管大部分讲座内容与传统经济学学科差异较大，令彼时的我百思莫解，但多学科的思维碰撞令我眼界大开。这些看似“自由而无用”的科研活动也潜移默化地影响了我的科研理念，因此我决定在科研方向上不设限，并且对跨学科合作研究颇有兴趣。十余年后的今天，我对当时一些学者的分享仍然记忆犹新，例如加州大学尔湾分校逻辑与哲学系（Logic and Philosophy）的布莱恩·斯科姆斯（Brian Skyrms）教授和他的团队用计算机模拟演化行为博弈、加州理工大学知名实验经济学家查尔斯·普洛特（Charles Plott）教授展示的市场竞价经济学实验、加州理工大学行为经济学家科林·凯莫勒（Colin Camerer）教授以猴子为研究对象的认知行为学研究，还有普林斯顿大学生态学和演化生物学系（Ecology & Evolutionary Biology）西蒙·莱文（Simon Levin）教授关于生物界的群体演化行为的研究。尽管读博期间，我的论文并没有涉足行为经济实验，但这些行为学相关的讲座已经充分调动起我对行为和实验研究的兴趣，为我今后在相关领域的探索埋下伏笔。

在博士毕业之前，我在一次美国经济学的会议上结识了即将从乔治梅森大学（George Mason University）经济系毕业的准博士肖尔特，并与之一见如故。我对她的经济学实验研究十分感兴趣，因此当我博士毕业后前往位于美国肯塔基州的路易维尔大学（University of Louisville）任助理教授时，我下定决心一定要用实验方法来检验我博士论文中关于电商平台信誉系统优化的机制设计。之后我和肖尔特一拍即合，决定合作一篇实验经济学论文。经过几年的努力，我们的论文终于发表在了国际顶尖经管学术期刊《管理科学》（*Management Science*）的行为经济版块上。从此以后，我走上了将行为经济实验作为主要研究方法的学术道路，先后在《管理科学》的行为经济版块上发表了三篇关于行为经济学的论文，并在复旦大学管理学院成立了行为经济与金融研究室。

译后记二

从2016年开始，我在复旦管院给MBA学生讲授一门选修课：行为博弈在商业及投资决策中的应用。为什么要开设这样一门课程呢？因为商业及投资决策是一门科学，更是一种行为博弈。想做好商业及投资决策，不仅要具备理性考虑全局的策略性思维，还须具备掌控自己的冲动、洞察他人的冲动的能力。近年获得诺贝尔经济学奖的乔治·阿克尔洛夫（George Akerlof）、彼得·戴蒙德（Peter Diamond）、埃尔文·罗斯（Alvin Roth）、罗伯特·席勒、让·梯若尔（Jean Tirole）、理查德·塞勒等经济学家，其研究均涉及行为博弈。这门课程通过理论结合实验、实践的方式，教授一系列博弈论、行为经济学及行为金融学的分析工具在各种策略环境下的应用，内容涉及商战及商业谈判、激励机制设计、市场机制设计、人力资源管理、行为偏差与投资决策、投资及理财误区，以培养学生们运用博弈论、行为经济学及行为金融学的基本原理理解和分析社会、经济和商业生活中的策略行为和非理性冲动的能力。

在准备这门课程的投资决策和行为金融部分时，我掌握的大部分资料都是学术研究，因此无法给MBA学生足够生动和丰富的教学内容。我的研究合作者陈实先生从事金融投资行业多年，有着丰富的实战经验。他向我提供了大量行为金融在基金投资中运用的资料。但是我们发现关于行为金融怎么运用在投资管理实践的具体介绍甚少。很幸运的是，陈实先生后来发现了这本书并强烈推荐给我。于是我们决定将本书一起翻译成中文，让更多人受益。这本书里面既介绍各种投资时的行为偏误，又给投资管理者提供具体的建议，比如如何通过写投资日记来记录投资决策过程，如何做更好的调研，如何管理好投资流程，以及如何管理投资公司，等等。

最后，我要向为翻译本书做出重要贡献的陈磊、王荻和徐思远等谦璞投资的伙伴们表达真挚的感谢！希望这本书能帮助大家了解行为经济学及行为金融学的基本知识，理解和分析投资中的非理性冲动，并明确如何通过机制设计来减少行为偏误带来的影响，从而更好地做出投资决策。

李玲芳

2021年5月于上海

参考文献

[1] Kevin McDevitt and Michael Schramm, "2018 U.S. Funds Flows in 5 Charts", Morningstar (2019).

[2] Sanford J. Grossman and Joseph Stiglitz, "On the Impossibility of Informationally Efficient Markets", *American Economic Review* 70 (1980), pp. 393–408.

[3] Russ Wermers, "Active Investing and the Efficiency of Security Markets", Working Paper (2019).

[4] Russ Wermers and Tong Yao, "Active and Passive Investing and Efficiency of Individual Stock Prices", Working Paper (2010).

[5] Harry Markowitz, "Portfolio Selection", *Journal of Finance* 7:1 (1952), pp. 77–91.

[6] William Sharpe, "Capital Asset Prices – A Theory of Market Equilibrium Under Conditions of Risk", *Journal of Finance* XIX:3 (1964), pp. 425–442. Also credited with introducing the CAPM are Jan Mossin, "Equilibrium in a Capital Asset Market", *Econometrica* 34:4 (1966), pp. 768–783; and John Lintner, "The Valuation of Risk Assets and the Selection of Risky Investments in Stock Portfolios and Capital Budgets", *The Review of Economics and Statistics* 47:1 (1965), pp. 13–37.

[7] Eugene Fama, "Efficient Capital Markets: A Review of Theory and Empirical Work", *Journal of Finance* 25:2 (1970), pp. 383–417.

[8] Robert Shiller, "Do stock prices move too much to be justified by subsequent changes in dividends?", *American Economic Review* 71 (1981), pp. 421–436.

[9] Eugene F. Fama and Kenneth R. French, "The Capital Asset Pricing Model: Theory and Evidence", *Journal of Economic Perspectives* 18:3 (2004), pp. 25–46.

[10] Sanjay Basu, "Investment Performance of Common Stocks in Relation to their Price-to-Earnings Ratios: a Test of the Efficient Market Hypothesis", *The Journal of Finance* 32:3 (1977), pp. 663–682.

[11] Rolf W. Banz, "The Relationship Between Return and Market Value of Common Stocks", *Journal of Financial Economics* 9, pp. 3–18.

[12] Campbell R. Harvey, Yan Liu, and Heqing Zhu, "…… and the Cross-Section of Expected Returns", *The Review of Financial Studies* 29:1 (2016), pp. 5–68.

[13] Eugene Fama and Kenneth French, "The Cross-Section of Expected Stock Returns",

The Journal of Finance 47:2 (1992), pp. 427–465.

[14] Emanuel Derman. *My Life as a Quant, Reflections on Physics and Finance* (John Wiley & Sons, 2004).

[15] Russ Wermers, "Mutual Fund Performance: An Empirical Decomposition into Stock-Picking Talent, Style, Transactions Costs, and Expenses", *Journal of Finance* 55:4 (2000), pp. 1655–1695.

[16] Jonathan B. Berk, Richard C. Green, "Mutual Fund Flows and Performance in Rational Markets", *Journal of Political Economy* 112:6 (2004), pp. 1269-1295.

[17] K. J. Martijn Cremers, Jon A. Fulkerson, and Timothy B. Riley, "Challenging the Conventional Wisdom on Active Management: A Review of the Past 20 Years of Academic Literature on Actively Managed Mutual Funds", Working Paper (2018).

[18] Russ Wermers and Tong Yao, "Active vs. Passive Investing and the Efficiency of Individual Stock Prices", University of Maryland Working Paper (2010).

[19] www.marketpsych.com.

[20] Robert Shiller, "From Efficient Markets Theory to Behavioral Finance", *Journal of Economic Perspectives* 17:1 (2003), pp. 83–104.

[21] Richard Thaler, *Misbehaving: The Making of Behavioral Economics* (W. W. Norton & Company, 2015).

[22] Robert Shiller, *Irrational Exuberance* (Princeton University Press, Third Edition, 2015).

[23] Andrew W. Lo, *Adaptive Markets: Financial Evolution at the Speed of Thought* (Princeton University Press, 2017). and the notion of investor-driven stock characteristic popularity, Roger G. Ibbotson, Thomas M. Idzorek, Paul D. Kaplan, and James X. Xiong, "Popularity: A Bridge between Classical and Behavioral Finance", CFA Institute Research Foundation (2018).

[24] Robert Shiller, "Do Stock Prices Move Too Much to be Justified by Subsequent Changes in Dividends?", *American Economic Review* 71 (1981), pp. 421–436.

[25] Herbert Simon, "Behavioral Model of Rational Choice", in *Models of Man, Social and Rational: Mathematical Essays on Rational Human Behavior in a Social Setting* (Wiley, 1957).

[26] Daniel Kahneman, *Thinking, Fast and Slow* (Farrar, Straus and Giroux, 2011).

[27] C.Thomas Howand,"The Importance of Investment Strategy" (March 2010). Randy Cohen, C. Polk, and B. Silli, "Best Ideas", Harvard Working Paper (2010).

[28] faculty.fuqua.duke.edu/~charvey/Factor-List.xlsx.

[29] mba.tuck.dartmouth.edu/pages/faculty/ken.french/data_library.html.

[30] Shlomo Benartzi and Richard Thaler, "Myopic Loss Aversion and the Equity Premium

Puzzle", *Quarterly Journal of Economics* (1995).

[31] Claire Flynn Levy at Essentia Analytics, www.essentia-analytics. com.

[32] Renae Merle, "Wall Street' s Final '08 Toll: $6.9 Trillion Wiped Out", *Washington Post* (1 January 2009).

[33] "The Behavioral Wealth Advisor" published in the July/August 2018 issue of *Investments & Wealth Monitor*.

[34] www.cerulli.com.

[35] Annamaria Lusardi and Olivia Mitchell, "Financial Literacy and Planning: Implications for Retirement Wellbeing", NBER Working Paper (2011).

[36] Daniel Kahneman, *Thinking, Fast and Slow* (Farrar, Straus and Giroux, 2011).

[37] Vanguard, "Quantifying Your Value to Clients" (2016).

[38] Russell Investments, "Why Advisors Have Never Been So Valuable" (2017).

[39] Morningstar, "Simple But Not Easy" (2017).

[40] Robert Rapier, "How Venezuela Ruined Its Oil Industry", *Forbes* (7 May 2017).

[41] Ulrich Kirk, Jonathan Downar, P. Read Montague, "Interoception Drives Increased Rational Decision-making in Meditators Playing The Ultimatum Game", *Frontiers in Neuroscience* 5 (April 2011), pp. 1.

[42] Ulrich Kirk, Xiaosi Gu, Ann H. Harvey, Peter Fonagy, P. Read Montague, "Mindfulness Training Modulates Value Signals in Ventromedial Prefrontal Cortex Through Input from Insular Cortex", *NeuroImage* 100 (2014), pp. 254–262.

[43] Adam Lueke, Bryan Gibson, "Mindfulness Meditation Reduces Implicit Age and Race Bias: The Role of Reduced Automaticity of Responding", *Social Psychological and Personality Science* (2014), pp. 1–8.

[44] James H. Zukin and John G. Mavredakis, "Financial Valuation: Businesses and Business Interests"(Warren, Gorham, and Lamont, 1 January 1990) .

[45] Maria Hartwig, Jason A. Voss and D. Brian Wallace, "Detecting Lies in the Financial Industry: A Survey of Investment Professionals' Beliefs", *Journal of Behavioral Finance*16:2 (2015), pp. 173–182.

[46] Maria Hartwig, Jason A. Voss, Laure Brimbal and D. Brian Wallace, "Investment Professionals" Ability to Detect Deception: Accuracy, Bias and Metacognitive Realism' , *Journal of Behavioral Finance* 18:1 (2017), pp. 1–13.

[47] Charles F. Bond, Jr. and Bella M. DePaulo, "Accuracy of Deception Judgments" , *Personality and Social Psychology Review* 10:3 (2006), pp. 214–234.

[48] Maria Hartwig, Jason A. Voss, Laure Brimbal and D. Brian Wallace, "Investment Professionals" Ability to Detect Deception: Accuracy, Bias and Metacognitive Realism', *Journal of Behavioral Finance* 18:1 (2017), pp. 1–13.

[49] Maria Hartwig and Jason A. Voss, "Lie Detection Guide: Theory and Practice for Investment Professionals" , CFA Institute (January 2017).

[50] Jonathan Berk and R. C. Green, "Mutual Fund Flow and Performance in Rational Markets" ,*Journal of Political Economy* 112:6 (2004), pp. 1269-1295.

[51] Hendrik Bessembinder, "Do Stocks Outperform Treasury Bills?", *Journal of Financial Economics* 129:3 (2018), pp. 440–457.

[52] Paul D. Kaplan and Maciej Kowara, "How Long Can a Good Fund Underperform Its Benchmark?" , *Morningstar Manager Research* (2018).

[53] K. J. Martijn Cremers, Jon A. Fulkerson and Timothy B. Riley, "Challenging the Conventional Wisdom on Active Management: A Review of the Past 20 Years of Academic Literature on Actively Managed Mutual Funds" , Working Paper (2018).

[54] Randolph Cohen, R. B., C. Polk and B. Silli, "Best ideas" , Harvard Working Paper (2010).

[55] R. Wermers, "A Matter of Style: The Causes and Consequences of Style Drift in Institutional Portfolios" , University of Maryland Working Paper (2012).

[56] Gorman, Steven Sapra and Robert Weigand, "The Cross-Sectional Dispersion of Stock Returns, Alpha and the Information Ratio" , *Journal of Investing* 19:3 (2010), pp. 113–127; Antti Petajisto, "Active Share and Mutual Fund Performance" *Financial Analyst Journal* (2013), Anna von Reibnitz, "When Opportunity Knocks: Cross-Sectional Return Dispersion and Active Fund Performance" , *Critical Finance Review* 6:2 (2017), pp. 303–356.

[57] Social Science Research Network: www.ssrn.com.

[58] Campbell R. Harvey, Yan Liu and Heqing Zhu, " …… and the Cross-Section of Expected Returns" , *The Review of Financial Studies* 29:1 (2016), pp. 5–68.

[59] David R. McLean and Jeffrey Pontiff, "Does Academic Research Destroy Stock Return Predictability?" , *Journal of Finance* 71:1 (2015), pp. 3–32.

[60] Alan Moreira and Tyler Muir, "Volatility-Managed Portfolios" , *The Journal of Finance* LXXII:4 (2017), pp. 1611–1644.

[61] "Do Limits to Arbitrage Explain the Benefits of Volatility-Managed Portfolios" , University of Denver Working Paper (2018).

[62] Tony Cooper, "Alpha Generation and Risk Smoothing using Managed Volatility" , Working Paper (2010).

[63] Anthony Loviscek, Hongfei Tang, Xiaoqing Eleanor Xu, "Do leveraged exchange-traded products deliver their stated multiples?" , *Journal of Banking and Finance* 43 (2014). pp. 29–47.

[64] Werner F. M. De Bondt and Richard Thaler, "Does the Stock Market Overreact?" ,

The Journal of Finance 40:3 (1985), pp. 793–805.

[65] www.fullerthaler.com/funds.

[66] C. Thomas Howard, “Behavioral Estimates of Expected Market Returm” (2010).

[67] www.athenainvest.com.

[68] John Riddle, “Bounded Rationality: Tapping Investor Behavior to Source Alpha” ,361 Capital White Paper (2017). www.361capital.com/all-products/361-uss-small-cap-equityfund.

[69] C. Thomas Howard, “Collective Intelligence Market Model” , SSRN Working Paper (2015).

[70] Randoph B. Cohen, Christopher Polk, and Bernhard Silli, “Best Ideas” , Harvard Working Paper (2010).

[71] C. Thomas Howard, “Why Most Equity Mutual Funds Underperform and How to Identify Those that Outperform” , *Advisor Perspectives* (26 January 2016).

[72] C. Thomas Howard, “Why Most Equity Mutual Funds Underperform and How to Identify Those that Outperform” , *Advisor Perspectives* (26 January 2016).

[73] Russ Wermers, “Matter of Style: The Causes and Consequences of Style Drift in Institutional Portfolios” , University of Maryland Working Paper (2012).

[74] Stefan Frey and Patrick Herbst, “The Influence of Buy-Side Analysts on Mutual Fund Trading” , SSRN (2014), pp. 1–40.